Ralf Erich Schauer

Am Sonnenuntergang erkennst du die Geschwindigkeit des Lebens

Ralf Erich Schauer

Am Sonnenuntergang erkennst du die Geschwindigkeit des Lebens

Was ich meiner Tochter mit auf den Weg geben will

Impressum

Lektorat & Korrektorat: www.text-studio.de
Satz & Gestaltung: www.KatrinOppenrieder.de
Fotos: © Ralf Erich Schauer, S. 32 & S. 180 © Adobe Stock
Herstellung & Verlag: Amazon Kindle Direct Publishing
ISBN: 9798338493380

Für Julia

zu ihrem 18. Geburtstag

Entferne dich nicht von dir selbst,
nur um jemand anderem nahe zu sein.

Begleite mich auf einer Reise, auf der Suche nach der Sinnhaftigkeit des Lebens. Finde mit mir den Weg in ein erfülltes Sein, zu selbst bestimmtem Glück, zu Freiheit und Unabhängigkeit. Sieh dir mit mir den Sonnenuntergang an, denn an ihm erkennst du die Geschwindigkeit des Lebens - und seinen Wert, den Lebenswert. Lerne deinen Selbstwert kennen.

„Unsere wahre Aufgabe ist es, glücklich zu sein."

DALAI LAMA

Nach einigen Tagen stürmischer, aufgewühlter See, die mir körperliche und mentale Höchstleistungen abgefordert hatten, beruhigte sich das Wetter. Ich saß abends im Cockpit meines Segelbootes, als die Sonne in der unendlichen Weite unterging und im Meer versank. Der Horizont war in malerische Farben getaucht und ich ging völlig in diesem Anblick auf. Die Zeit stand still.

Meine Gedanken begannen zu schweifen: Was macht eigentlich ein erfülltes Leben aus? Wie lässt es sich lebenswert gestalten? Wie gelingt es, dass es in den prächtigsten Farben schimmert wie der Sonnenuntergang am Ende eines erfüllten Tages? Warum schien die Zeit in diesem Augenblick langsamer zu vergehen, rast sie doch sonst nur so dahin?

Fragen und Antworten formulierten sich in meinem Geist und die Idee zu diesem Ratgeber nahm Formen an. Schwere Lektionen bescherte mir das Leben, an denen ich letztendlich gewachsen bin. Die Vergänglichkeit des Seins wurde mir immer bewusster und damit die Wichtigkeit eines erfüllten Lebens. Ich erkannte: Alle Annehmlichkeiten im Außen konnten niemals denselben Wert und Bestand haben wie das eigene Wesen, das sich frei entfalten möchte.

Wie gerne würde ich meine geliebte Tochter vor Schicksalsschlägen und Unannehmlichkeiten bewahren, doch jeder muss seinen eigenen Weg finden und beschreiten. Jeder muss sich selbst entwickeln und an seinen Erfahrungen wachsen. Doch was kann ich meiner Tochter mitgeben auf ihrem Lebensweg, damit er nicht ganz so steinig erscheint?

Hohe Anforderungen habe ich an sie gestellt. Ich habe selbst versucht, den Ansprüchen meines Vaters gerecht zu werden. Ich bin zufrieden mit meinem Lebensweg, wenn er auch bisweilen holprig war mit seinen Herausforderungen. Würde es aber meine Julia glücklich machen, meinen Vorstellungen und jenen anderer Menschen zu genügen? Sollte sie ihr Leben nicht vielmehr so gestalten, dass sie in jeder Hinsicht ein erfülltes Dasein genießen kann?

„Wer um einen Sinn seines Lebens weiß, dem verhilft dieses Bewusstsein mehr als alles andere dazu, äußere Schwierigkeiten und innere Beschwerden zu überwinden!"

VIKTOR FRANKL

Komm mit mir. Schlage dieses Buch auf und lass uns die Geheimnisse lüften, wie wir dem Lauf der Zeit und der Vergänglichkeit ein Schnippchen schlagen. Lass uns scheinbare Sinnlosigkeiten in Sinnhaftigkeiten verwandeln, aus Fremdbestimmung Selbstbestimmung machen. Lass uns frei und unbeschwert auf den Wogen des Lebens segeln, statt von ihnen umhergeworfen zu werden oder gar in ihnen unterzugehen.

Inhalt

Einleitung

Kapitel 1

Kapitel 2

Kapitel 3

Kapitel 4

Kapitel 5

Kapitel 6

Kapitel 7

Kapitel 8

Kapitel 9

Kapitel 12

Kapitel 13

Einleitung

Leuchtende Sterne – wie du

Der Name Julia ist eine Ableitung von Iulus, dem Sohn der Venus, und bedeutet in etwa „dem Jupiter geweiht“. Jupiter gilt im Volksmund als Glücksplanet. Er symbolisiert Glück und Erfolg, aber auch eine Bewusstseinserweiterung zum Erkennen der eigenen Wahrheit. Jupiters Licht funkelt hell zwischen unzähligen Sternen auf ihren Bahnen am Himmel, so wie dein Licht zwischen unzähligen Menschen auf der Erde wandelt. Dabei bewegst du dich auf deiner ureigenen Bahn – du hier unten, so wie die Sterne dort oben.

Der Blick in den Sternenhimmel in einer klaren Nacht kann überwältigend sein. Gefühle von Unendlichkeit und Unvergänglichkeit können sich einstellen, aber auch ein Empfinden der Tatsache, wie klein der Mensch im Universum doch ist eigenen Kleinheit. Manch ein Mensch fühlt sich verloren in Anbetracht dieser funkelnden Weite dort oben, ein anderer empfindet sich als Teil dessen, allem verbunden. So unterschiedlich können Wahrnehmungen sein.

Welche Wahrheit ist wahr?

Sterne werden geboren und Menschen werden geboren. Sterne und Menschen sind vergänglich. Die Zeitdifferenz dieser Vergänglichkeit ist allerdings enorm. Für ein Sternenleben mag die Dauer eines Menschenlebens einem Blinzeln im Universum gleichen, während ein Stern aus Menschensicht unendlich und ewig am Himmel zu leuchten scheint. Doch das Rad der Zeit dreht sich unaufhörlich, für Menschen wie für Sterne. Dabei spielt es gar keine Rolle, wie die subjektive Wahrnehmung die Zeitspannen bewertet. Viel relevanter als die Zeitquantität ist die Zeitqualität. Die Zeitquantität ist ein unbeeinflussbarer Selbstläufer. Die erlebte Zeitqualität dagegen lässt sich gestalten. Ein intensiv erlebter, schöner Moment kann eine gefühlte zeitlose Ewigkeit sein.

Viel näher als die Himmelsgestirne ist uns die Sonne. Von einem anderen, fernen Standpunkt aus ist auch sie nur ein Stern unter vielen, doch uns offenbart sie den Lauf der Dinge, den stetigen Wechsel zwischen Tag und Nacht, zwischen hell und dunkel. Aus unserer Sicht geht sie jeden Morgen auf, um sich unweigerlich am Abend wieder dem Horizont entgegenzubewegen. Mit jedem Sonnenuntergang vermittelt sie uns den Eindruck von Endlichkeit und Vergänglichkeit. Eigentlich bewegt sie sich jedoch gar nicht am Himmel, sondern es ist die Erde, die um unseren Sonnenstern kreist.

Ein beobachtender Mensch auf der Erde nimmt sich als Mittelpunkt des Geschehens wahr. Er ist das Zentralgestirn, um das sich alles dreht, sogar die Sonne. Diese Wahrnehmung entspricht zwar nicht den wissenschaftlich anerkannten Tatsachen, aber trotzdem ist sie wahr und richtig. Fällt dir etwas auf? Wahrnehmung – hier steckt das Wort „wahr" drin. Es ist eine Wahrheit, die du für dich in Anspruch nimmst. Aus einer anderen Perspektive kann sie unwahr sein.

Die Wahrheit, dass sich alles um einen Menschen als zentrales Element herumbewegt, ist keine Lüge. Sie ist lediglich nicht die einzige Wahrheit. Von einem anderen Blickwinkel aus und aus einer anderen Wahrnehmung heraus kann es eine andere Wahrheit geben.

Zugegeben, das klingt alles reichlich philosophisch. Aber ist es nicht im Leben auch so, dass sich Standpunkte, Betrachtungsweisen und Wahrheiten von Mensch zu Mensch unterscheiden und sich ändern können? Ein kleines Kind, das ganz fest an den Weihnachtsmann glaubt, lebt in seiner eigenen Wahrheit. Später ändert sich diese. Ein kleines Kind, das nicht auf den Stuhl hochklettern kann, weil er zu hoch ist, findet ihn irgendwann gar nicht mehr hoch. Das Kind ist gewachsen, seine Wahrnehmung und Wahrheit passen sich dem an.

Es ist egal, ob der Körper wächst oder ein geistiges Wachstum stattfindet: Sichtweisen, Perspektiven und daraus folgende Wahrheiten ändern sich dadurch. Dasselbe findet statt, wenn ein örtlicher Standpunkt gewechselt wird. Von der einen Seite aus siehst du vielleicht einen gesunden, grün belaubten Baum, von der anderen Seite betrachtet erkennst du, dass er viele abgestorbene, kahle Äste hat. Beide Wahrnehmungen sind wahr.

Gleichgewicht innerer und äußerer Kräfte

Du bist der Mittelpunkt deines Lebens und deshalb ist die Betrachtungsweise, dass du das Zentrum allen Geschehens um dich herum bist, völlig richtig. Du bist in deinem Leben das Wichtigste und Wertvollste. Ein Problem ist freilich, dass andere Menschen das für sich genauso in Anspruch nehmen. Werfen wir wieder einen Blick in den Sternenhimmel: Die Sterne ziehen auf ihrer Bahn und weichen nicht davon ab. Das ist möglich, weil ein Gleichgewicht von Kräften wirkt – aus ihrer Mitte heraus und von außen. Geraten diese Kräfte in ein Ungleichgewicht, gerät der Stern aus seiner Bahn und läuft Gefahr, mit einem anderen zu kollidieren oder einfach in den Weiten des Weltalls zu verschwinden.

So geht es auch den Menschen. Im Gleichgewicht zwischen innen und außen können sie unbeeinträchtigt ihre Bahn ziehen. Doch da gibt es solche mit übereifrig ausgeprägtem Ego, die andere gerne ins Trudeln bringen. Mobbing, Intrigen oder Gewalt sind nur einige Beispiele der Machenschaften eines solchen Egos. Auch wartet das Leben mit dem einen oder anderen Schicksalsschlag auf, der einen Menschen aus der Bahn werfen kann. Bisweilen stellen sich Hoffnungslosigkeit, Traurigkeit oder Selbstzweifel ein, die zermürben und innerlich schwächen. Manchmal stehen schwere Entscheidungen mit weitreichenden Folgen an, die unschlüssig wanken lassen.

Kritische Situationen und Lebensphasen kommen vor. Mag es sich bisweilen auch so anfühlen: Man ist niemals ganz machtlos ausgeliefert. Auch wenn sich äußeres Geschehen oder ein instabiles, verletztes Innenleben oft nicht direkt beeinflussen lassen – es bleibt ein Spielraum, selbst zu bestimmen, auf was man seinen Fokus lenkt.

„Energie folgt der Aufmerksamkeit."

AUS DEN HUNA-LEHREN

Richtest du deine Aufmerksamkeit auf Dinge, die von außen auf dich einstürmen und dir nicht guttun, dir Leid zufügen, dich herunterziehen oder einschränken, gewinnen diese äußeren Einflüsse unnötig an Macht, während deine Energiekapazitäten schwinden. Richtest du die Aufmerksamkeit auf dich, nach innen, auf das, was dich fröhlich macht, darauf, in deiner eigenen Mitte zu bleiben, auf deine Lebensfreude und deine Werte, bleibt deine Energie bei dir; die äußeren Einflüsse verlieren an Kraft und Macht.

Zwischen äußeren Werten und Selbstwert

Das ist natürlich leicht gesagt und nicht immer so einfach umzusetzen. Doch es gibt viele Möglichkeiten, zu lernen umzudenken, sich selbst niemals aus den Augen zu verlieren. Es ist wie eine Art Umprogrammierung: Schon Kinder erfahren, dass das Umfeld bestimmte Erwartungen an sie hat. Sie verlieren damit ihre selbstverständliche kindliche Unschuld, ihre unvoreingenommene, sinnliche Sicht der Dinge und ihre Spontaneität. Sie werden zunehmend an äußeren Werten, erbrachter Leistung und gesellschaftlichen Standards gemessen, entsprechend wird das Gehirn programmiert. Du hast aber jedes Recht, deinen eigenen Werten Priorität zuzugestehen, ein glückliches und erfülltes Leben zu leben, eigene Ziele und Träume zu verfolgen, dir selbst treu zu bleiben, statt dich einer wie auch immer gearteten Fremdbestimmung zu unterwerfen. Es mag manchmal eine Gratwanderung sein, einerseits mit beiden Füßen im Leben zu stehen und gut zurechtzukommen, sich selbst aber andererseits nicht aus den Augen zu verlieren. Doch (auch) dazu ist dieses Buch da – damit du es gerade in schwierigen Zeiten in die Hand nehmen, Kraft schöpfen und dich auf das besinnen kannst, was wirklich wichtig ist: dich selbst. Bestenfalls trägt es dazu bei, dass du gar nicht erst aus deiner Mitte gerissen wirst, wenn die Stürme des Lebens um dich herum toben.

Äußere Werte, materielle Dinge, können dir zu einem Leben in Sorglosigkeit verhelfen. Sie schaffen eine Lebensbasis und geben Sicherheit. Das sind die besten Voraussetzungen für ein möglichst unbeschwertes Leben. Es verschafft dir Freiräume und die Möglichkeit, deinen freien Willen zu leben. So sinnvoll aber materielle Dinge auch sind, sind sie vergänglich. Durch unvorhergesehene Situationen kann der größte materielle Reichtum schwinden. Er nutzt auch wenig, wenn du unglücklich bist oder kein erfülltes Leben hast.

Deine inneren Werte sind es, die dich leuchten lassen wie einen Stern. Was du im Herzen trägst, bleibt dir erhalten und ein Funke, der andere Herzen berührt, bleibt ebenfalls erhalten und dort lebendig.

So einfach es in der Theorie klingt, so sehr können Hindernisse im Leben und zwischenmenschliche Angelegenheiten dir Steine in den Weg legen und dein Strahlen trüben. Leider ist Glück nicht käuflich und so ist der Weg zum Glück, nicht nur nach außen zu schauen, sondern auch nach innen: Das Gleichgewicht der Kräfte ist es, das dich als leuchtenden Stern auf deiner ureigenen Bahn bleiben lässt. Äußere Werte haben durchaus ihre Existenzberechtigung und erfüllen ihren Zweck, aber sie sind niemals mehr wert als die inneren.

Eine ähnliche Kluft ist häufig zwischen Kopf und Bauch, Verstand und Emotion zu überwinden. Der Verstand analysiert, bewertet und schlussfolgert unaufhörlich nach erlerntem Muster. Die Emotionen können sich völlig gegenteilig dazu äußern. Der Verstand neigt allerdings dazu, die innere Stimme ständig übertönen zu wollen. Wie mit den inneren und äußeren Werten ist dann eine Verschiebung der Kräfte sinnvoll, um das Gleichgewicht wieder herzustellen: Der Verstand darf auch mal urlauben, um das Bauchgefühl und die inneren Antriebe zu Wort kommen zu lassen.

Survival of the fittest oder: Mut zur Veränderung

Der Anpassungsfähigste überlebt. Diese Ansicht von Darwin bringt es auf den Punkt. Ebenso, wie sich Wahrheiten von ganz alleine ändern können, kann ein bewusster Perspektivenwechsel manchmal hilfreich sein. Schließlich ist es die Sicht der Dinge, die eine Wahrnehmung, daraus abgeleitet eine Schlussfolgerung und daraus wiederum ein Verhalten, eine Entscheidung oder Handlung bestimmt. Eine andere Betrachtungsweise könnte aber ganz andere Schlüsse zulassen, sogar gegenteilige.

Hinzu kommt, dass viele Reaktionen, Verhaltensweisen und Sichtweisen im Laufe der Zeit in Fleisch und Blut übergehen. Ob sie sinnvoll sind oder die Folgen auch Freude bereiten, wird bei einem solchen Automatismus gar nicht berücksichtigt. So entstehen Vorurteile und Einschränkungen, die gar nicht sein müssten. Eine Anpassung der Perspektive, der Sichtweise und somit eine Erweiterung der Wahrnehmung kann da im wahrsten Sinne des Wortes Wunder wirken. Das erfordert die Offenheit und Bereitschaft zur Anpassung und Veränderung.

Ohnehin findet völlig ohne das eigene Zutun eine fortwährende Veränderung statt. Kleine Kinder wachsen heran, jeder Mensch durchläuft von Geburt an verschiedene Lebensphasen und die Zellen des Körpers erneuern sich ständig, die einen sehr schnell innerhalb weniger Tage, die anderen innerhalb mehrerer Jahre oder gar Jahrzehnte.

Durchschnittlich, so heißt es, findet die Zellerneuerung innerhalb eines 7-Jahres-Zyklus statt. Ständig sterben Zellen ab und es bilden sich neue. So gesehen bist du in keinem einzigen Augenblick deines Lebens derselbe Mensch. Geistig und im Gefühlsleben herrscht ebenfalls kein Stillstand, denn du sammelst ständig neue Eindrücke und entwickelst dich weiter. In jedem Moment deines Lebens bist du um eine Erfahrung reicher und somit ein anderer Mensch.

Rund 7 Jahre dauern auch die verschiedenen Lebensphasen an. Das kleine Kind lernt sprechen und laufen, entdeckt die Umgebung und sich selbst. Zwischen 7 und 14 Jahren geht das Kind in die Schule, erfährt, dass es Leistungsanforderungen gibt und lernt, sich zwischen anderen zurechtzufinden und eigene Standpunkte zu entwickeln. Es folgt das Erwachsenwerden mit der Entwicklung der Geschlechtsreife, immer mehr Entscheidungsfreiheiten, zunehmender Eigenverantwortung und Ausprägung des Egos. Weiter geht es mit den Lebensphasen im Erwachsenenalter, wobei die Weiterentwicklung und innere Veränderungen nun weniger deutlich ersichtlich sind als bei Heranwachsenden.

Natürlich hält das Leben auch hier seine Tücken bereit: Stress, Raubbau mit dem eigenen Körper und Krankheiten können die Zellerneuerung beeinträchtigen oder aufhalten. Seelische Lasten, Ängste, Unzufriedenheit, Verzweiflung, Unterdrückung und Freudlosigkeit hemmen stattdessen die innere Entwicklung, beeinträchtigen die Lebenskraft, verdunkeln den eigenen Lebensfunken.

Freudlosigkeit und das erlöschende innere Leuchten versuchen Menschen allzu häufig zu kompensieren, zum Beispiel durch die Orientierung an Statussymbolen. Doch kann das eigene Strahlen, Zufriedenheit, Glück und ein erfülltes Leben wirklich im Außen gefunden werden? Spiegelt ein funkelnder Diamant den wahren Wert eines Menschen? Kann nach dem Motto „Schein statt Sein“ ein Reiseziel mit dem Finger auf der Landkarte erreicht werden?

Das gelegentliche Innehalten bietet die Gelegenheit, in sich hineinzuhören und zu fühlen. Auch das öffnet Perspektiven, lässt im Verborgenen schlummernde Träume sich entfalten. Der Körper entwickelt und verändert sich ständig, die Lebensphasen prägen andere Ebenen der Entwicklung und Veränderung. Warum nicht auch mal selbst das Ruder in die Hand nehmen? Jeder Augenblick im Leben bietet die einzigartige Chance, sich neu zu schaffen: Es kommt letztendlich nicht darauf an, was dir im Leben Gutes oder Schlechtes widerfährt, sondern immer darauf, was du daraus machst.

„Öffne der Veränderung deine Arme. Aber verliere dabei deine Werte nicht aus den Augen."

DALAI LAMA

„Die wahre Lebenskunst besteht darin,
im Alltäglichen das Wunderbare zu sehen."

PEARL S. BUCK

1

Kleine Kinder – eine Welt voller Magie

Ein Kind wird geboren und kann zunächst scheinbar nichts außer schreien, trinken, die Windel vollmachen und die Eltern auf Trab halten. Das schafft es aus seiner vermeintlichen Unzulänglichkeit heraus rund um die Uhr. Wie sehr der Schein trügen kann ...

Ein kleines Kind macht liebende Eltern, obwohl es eine anstrengende Zeit ist, unbeschreiblich und unersetzlich glücklich und stolz. Es löst grenzenlose innige Freude und Erfüllung bis in jede Faser aus.

Vielmehr noch: Es bringt ebenso grenzenlose Neugier mit ins Leben, großen Mut, die Welt zu erforschen und einen enorm starken Willen, sich zu entwickeln und etwas zu lernen. Es verfügt schon im Babyalter über individuelle Wesenszüge, ist bereit, seine Fähigkeiten zu entfalten und sich neue anzueignen. Die Augen sind noch geschlossen, da zeigt sich schon der ausgeprägte Überlebensinstinkt des kleinen Menschenwesens, denn es weiß intuitiv, dass es Nahrung aufnehmen muss. Es sucht aktiv nach Körperwärme und Geborgenheit, die es ebenfalls benötigt. Wenn es sonst nicht viel kann, weiß es doch lautstark auf seine Bedürfnisse aufmerksam zu machen.

Kein Baby gleicht dem anderen – jedes ist von Geburt an ein Individuum, das ein bestimmtes Naturell und spezifische Veranlagungen in sich trägt. Dennoch ist es wie ein unbeschriebenes Blatt, ein leeres Gefäß, das gefüllt werden kann und möchte. Noch ist es völlig unbedarft und unvoreingenommen, erfasst die Umgebung wert- und urteilsfrei. Es ist erfüllt von innerer Unschuld und Reinheit, offen für Eindrücke, die es unverfälscht aufnimmt. Es verlässt sich ausschließlich auf die sinnliche Wahrnehmung, kennt keinen regulierenden Verstand. Es orientiert sich nicht an der Uhrzeit, sondern lebt in einer eigenen Zeitlosigkeit.

Die Welt ist, wie sie ist: Fähigkeit zur Akzeptanz

Ein Baby kann zwar weinen und schreien, wenn ihm etwas nicht behagt, muss aber ansonsten alles nehmen, wie es ist. Es wächst zum Kleinkind heran und lernt, sich fortzubewegen und auszudrücken. Es hadert nicht damit, wenn ein Ziel der Begierde weit weg ist, sondern setzt sich in Bewegung. Es grübelt nicht, wenn eine Sitz- oder Liegefläche oberhalb der Kopfhöhe ist, sondern robbt, zieht sich hoch, klettert, versucht es einfach mit den zur Verfügung stehenden Mitteln. Es schert sich nicht darum, wenn die Artikulation nicht so klappt, sondern brabbelt drauflos. Fällt es bei den ersten Gehversuchen auch noch so oft hin, vergießt es allenfalls ein paar Tränen, startet aber wieder durch.

Allerdings kennt es noch nicht die Gefahren der Umgebung, nicht die Verbrennungsrisiken an einer Herdplatte oder an einem Bügeleisen, nicht die Unfallgefahr im Straßenverkehr, nicht die Sturzgefahr an einer Treppe oder aus anderweitigen Höhen. Deshalb ist es gut, dass sich das Gehirn und damit der Verstand entwickelt, solches speichert und einzuordnen lernt. Bis dahin muss sich das kleine Kind auf seine Eltern verlassen. Sie sind sein Team im Hintergrund, das alles regelt, was es nicht selbst kann oder zu beurteilen weiß.

Es hadert nicht mit den Umständen und der noch so ausgeprägten Hilflosigkeit, sondern nimmt die Welt, wie sie ist. Es agiert mit seinen aktuellen Fähigkeiten und strebt seinem augenblicklichen Ziel entgegen.

Muss das kleine Kind auch noch so viel lernen: Diese Unbedarftheit und das Selbstverständnis, sich mit den unveränderbaren Gegebenheiten zu arrangieren, das Agieren mit den eben zur Verfügung stehenden Mitteln ist etwas, was Erwachsenen allzu häufig abhandengekommen ist. Was das angeht, können sie viel vom Kleinkind lernen – oder sich gelegentlich zurückbesinnen, dass auch sie einst dieses Selbstverständnis gelebt haben. Es räumt zwar keine Hindernisse und Schwierigkeiten im Leben aus dem Weg, macht es aber so viel einfacher, sich statt an einer Problematik die Zähne auszubeißen auf die eigenen Fähigkeiten und verfügbaren Möglichkeiten zu konzentrieren.

„Das habe ich noch nie vorher versucht, also bin ich völlig sicher, dass ich es schaffe."

PIPPI LANGSTRUMPF

Intermezzo: Sieg oder Niederlage?

Immer wieder tauchen im Leben Probleme auf. Es sind Prüfungen zu meistern, die schwer scheinen und von deren Ergebnis einiges abhängt. Herausforderungen können zu groß, Hindernisse zu hoch, Schwierigkeiten zu komplex und unlösbar, Ereignisse zu erdrückend, Ziele zu weit weg erscheinen.

Immer hast du letztendlich drei Möglichkeiten – du kannst:

1. allen Widrigkeiten zum Trotz dagegen ankämpfen und verlieren, da sich die Gegebenheiten nicht ändern, sie sind, wie sie nun einmal sind.
2. mit den Gegebenheiten hadern, daran verzweifeln, Unmut, Hoffnungslosigkeit oder Versagensängste sich in dir ausbreiten lassen, resignieren.
3. dich entspannen, durchatmen, deine Fähigkeiten und Möglichkeiten mit den Gegebenheiten abgleichen, Flexibilität zulassen und das Beste draus machen.

Ein Beispiel: Du bist am Meer an einem menschenleeren Strand und begibst dich begeistert ins kühle Nass, schwimmst ein wenig umher und gerätst auf einmal in eine starke Strömung. Sie zieht dich unweigerlich ins offene Meer hinaus. Das ist die Gegebenheit – die Strömung ist vorhanden und stark und du bist mittendrin, wirst von ihr mitgerissen. Du hast drei Möglichkeiten:

1. Du kämpfst gegen die Strömung an, um zurück ans Ufer zu gelangen. Du verlierst, treibst trotz aller Bemühungen weiter aufs offene Meer hinaus. Deine Kräfte und Schwimmfähigkeiten sind denen der Strömung unterlegen, der Versuch ist von vornherein zum Scheitern verurteilt.
2. Du verzweifelst, verspürst Hoffnungslosigkeit, bekommst Angst, weil dich die Strömung immer weiter hinauszieht, weg vom sicheren Strand, strampelst vielleicht wild herum, deine Kräfte schwinden rasch. Die Strömung hat dich ganz in ihrer Gewalt.
3. Du versuchst dich zu beruhigen und zu fokussieren. Du weißt, du kannst gut schwimmen, aber gegen die Strömung kommst du nicht an. Zu resignieren und dein Leben aufzugeben kann aber keine Option sein. Also setzt du deine Schwimmkünste und deine Kraft ein, indem du eine andere Lösung findest – du schwimmst quer zur Strömung. Sie zieht dich zwar noch immer weiter aufs Meer hinaus, aber Schwimmzug für Schwimmzug und Atemzug für Atemzug näherst du dich ihrer Grenze, bis du sie seitlich verlassen kannst und wieder in ruhiges Gewässer gelangst. Von hier aus kannst du durchatmen, dich erneut beruhigen und die verbliebene Kraft nutzen, zurück an den Strand zu schwimmen.

Denke an die Corona-Zeit mit diversen Einschränkungen zurück, wie unterschiedlich Menschen reagiert haben. Einige haben Toilettenpapier, Mehl und Nudeln in unbegreiflichen Massen aufgekauft. Andere wurden fremden Menschen gegenüber wegen der Maskenpflicht gewalttätig, obwohl diese das Gesetz auch nur befolgten. Manch einer hat sich zu Hause verbarrikadiert, sich die Hände mit Desinfektionsmittel wundgescheuert. Menschen haben sich eingesperrt gefühlt, der eine oder andere hat sich deshalb vielleicht sogar das Leben genommen. Es gab solche, die die Zeit zum Ausmisten genutzt haben, sich über Zeit mit der Familie gefreut haben, lange Spaziergänge unternahmen, sportlich aktiv wurden, einfach kochen oder stricken gelernt haben. So wollten Menschen mit dem Kopf durch die Wand und blieben erfolglos oder wurden obendrein zu Bußgeldern oder Strafen verdonnert, Corona dagegen blieb mit situativen Beschränkungen. Menschen verfielen in Panik und verballerten ihr Geld sinnlos oder verfielen in Verzweiflung, wurden gar depressiv. Menschen nahmen es, wie es ist und machten für sich, jeder individuell, das Beste draus. So haben die ureigenen Verhaltensweisen in derselben unveränderbaren Situation Verlierer und Gewinner hervorgebracht.

Was hat all das mit dem kleinen Kind zu tun?

Weltoffener Einfallsreichtum

Es ist die erste Lebensphase. So unbeholfen das Kind in den ersten Monaten auch ist, entwickelt es so schnell neue Fähigkeiten, dass Eltern oft kaum noch mitkommen. Gefühlt bekam es gestern noch die Flasche und tobt heute auf den eigenen Beinen mit Gleichaltrigen herum, isst selbstständig, weiß genau, was ihm schmeckt und was nicht, geht alleine auf die Toilette, hat sein bevorzugtes Spielzeug, teilt es mit anderen Kindern oder verteidigt es und ist in seinen Spielen sehr erfinderisch.

„Alle Kinder haben die märchenhafte Kraft, sich in alles zu verwandeln, was auch immer sie sich wünschen."

JEAN COCTEAU

Es verwandelt sich in einen mutigen Ritter oder in eine Prinzessin, ist Pirat und Eroberer oder Forscher und Entdecker, verwandelt sich im Handumdrehen in einen Polizisten oder Sanitäter und verhaftet Verbrecher oder rettet Menschen, versorgt als Koch oder Bäcker die ganze Familie, wird Indianer oder Cowboy, kann Hexe oder Zauberer sein, spielt Vater oder Mutter, ist Maler oder Künstler, segelt mit einem improvisierten Boot über den Ozean, kann König sein, Superkräfte entwickeln, ist eine Märchenfee oder erkundet als Astronaut den Mond.

Dann sind da noch all die kleinen Wunder, die es am Wegesrand zu entdecken gibt. Wie kann es sein, dass aus einem kleinen Samenkorn eine Blume oder sogar ein Baum wächst? Die Farben und vielen Details einer Blüte können Kinder intensiv beschäftigen. Immer wieder ist ein Kind hingerissen von der filigranen Pusteblume. Mit allen Sinnen wird die Welt erkundet und erlebt. Wieder gilt: Es ist bereichernd, sich diese Sinnlichkeit zu bewahren. Keine Worte können Dinge so genau erklären, wie Kinder sie erleben, keine Wissenschaft kann einen wirklichen Bezug zu dem herstellen, was sie erläutert. Das Leben im Augenblick macht diese Kindheitsphase unvergleichlich wertvoll. Mit zunehmendem Alter gerät die Magie des Lebens immer mehr in den Hintergrund. Erwachsene müssen funktionieren, Erwartungen erfüllen, Leistung erbringen, sind auf ihren Ruf und ihr Ansehen bedacht, agieren konsumorientiert. Sie hasten wie Statisten durchs Leben, ohne von seiner Essenz noch etwas mitzukriegen.

Wer bestimmt eigentlich, dass das so sein muss?

Kleine Auszeiten bereichern

Pflichten sind zu erfüllen, auch das ist eine Gegebenheit, die sich nicht ändern lässt. Man kann sich weigern oder wild um sich schlagen, was aber weniger an den Gegebenheiten ändert, als dass es unliebsame Konsequenzen hat. Eine gewisse Gesellschaftskonformität ist wichtig und sinnvoll, sich zu arrangieren und Kompromisse einzugehen ebenso.

Wie gelingt es, in dem ganzen Alltagstrott mit all seinen Begleiterscheinungen das kleine, unvoreingenommene Kind in sich am Leben zu erhalten, alles mit Kinderaugen zu sehen?

Gönne dir immer mal wieder eine kleine Auszeit. Verliere dich ganz in einem spannenden Buch, beobachte die Wolken am Himmel, höre den Vögeln zu, umarme einen Baum, setze dich an ein Gewässer und gib dich ganz der Stimmung hin. Lasse deiner Fantasie freien Lauf – sei eine Prinzessin oder Königin, eine Piratenbraut, ein Indianermädchen oder Cowgirl, sei Zirkusakrobatin oder drehe als Pilotin deine Loopings am Himmel, sei eine Wolke oder eine Blume, eine Löwin oder ein Schmetterling. Lasse deinen Träumen oder Wünschen freien Lauf und auch deinen Gefühlen. Diese kurzen Auszeiten gehören dir ganz alleine.

Was bringt dir das? Du bleibst kreativ und flexibel im Geist, stumpfst nicht ab, bekommst zwischendurch den Kopf frei und bist nichts und niemandem zu etwas verpflichtet, kannst neue Kraft und Energie schöpfen, verlierst dich selbst nicht aus den Augen. Du verbannst nicht das kleine Kind, das du einmal warst und das deshalb ein Teil von dir bleibt, der viel zu schade ist, um ihn zu verdrängen und zu verbannen.

Du wappnest dich außerdem für schwierige Situationen im Leben, für Herausforderungen und Unvorhergesehenes, kannst besser mit Stress umgehen, bleibst offen für die noch so kleinen

Wunder des Lebens, die trübe Zeiten erhellen können. Du gewinnst Übung darin, die Perspektive zu wechseln, dich in Situationen oder andere Menschen hineinzuversetzen, und wenn es darauf ankommt kurzfristig innerlich Abstand zu gewinnen und durchzuatmen. Du bist darin geübt, statt überstürzt zu reagieren auch mal eine andere Betrachtungsweise einzunehmen.

„Das Leben ist zu kurz, um es nicht zu genießen. Also fahre mit deinen Lieblingsmenschen ans Meer, schaut euch einen Sonnenuntergang an und macht alles, was euch glücklich macht.“

LEBENSWEISHEIT

2

Zwischen kindlicher Unbeschwertheit und erstem Ernst des Lebens

Die zweite Lebensphase findet im noch kindlichen Alter mit ersten Lenkmanövern in Richtung der Erwachsenenwelt statt: Mit der Einschulung beginnt das Lernen nach Plan zusammen mit anderen Kindern. Die eigene Leistung wird bewertet und das Kind hat anhand der anderen Bewertungen Vergleichsmöglichkeiten. Die Schulzeiten und der Stundenplan bilden einen verpflichtenden Rahmen, Fehlzeiten müssen entschuldigt werden und es wird bald klar: Wenn ich krank bin und zu Hause bleibe, verpasse ich den Lernstoff und muss ihn nachholen. Wenn ich meine Hausaufgaben nicht mache, muss ich das erklären. Wenn ich keine gute Note bekomme, bin ich schlechter als andere.

Es treten erste strengere Normen und Maßstäbe in das Leben, wesentlich mehr und ausgeprägter als in den vorangegangenen Kindheitsjahren. Eigenverantwortung, Disziplin und Leistungsdenken gewinnen an Bedeutung und alles hat nun ernstere Konsequenzen. Hinzu kommt eine neue soziale Komponente. In der Grundschule bleibt eine Klasse bis auf einige Wechsel für vier Jahre zusammen und Kinder müssen sich unter vielen Gleichaltrigen zurechtfinden, einerseits als individuelle Wesen, andererseits sind andere Kinder ein Maßstab der eigenen Leistung und schließlich auch des sozialen Status, der in dieser Lebensphase verstärkt ins Spiel kommt.

Besteht die eigene Welt zunächst nur aus einem engen, recht begrenzten und behüteten Radius, gewinnt sie nun beträchtlich an Weite. Damit wachsen die Eindrücke, die Erfahrungen und die Herausforderungen. Das geschieht in einer noch sehr prägenden Lebensphase, in der viele Saaten gelegt werden, die im späteren Leben aufgehen. Jedes Kind läuft sozusagen mit einem eigenen Rucksack herum, der sich im Alter von 7 bis 14 auf vielerlei Weise füllt – mit Schmackhaftem und gut Verwertbarem, aber auch mit reinem Ballast.

Der Grundschule folgt die weiterführende Schule. Bereits in diesen jungen Jahren wird damit in vielen Fällen schon die Richtung bestimmt, in der es im späteren Leben weitergehen kann, denn das hängt nicht zuletzt von der Schulbildung ab. Das verleiht der schulischen Leistung in der eigentlich noch so kindlichen Phase des Grundschulalters eine unverhältnismäßige Schwere – ist die Kindheit doch eigentlich eine Zeit der Leichtigkeit oder sollte es zumindest im Großen und Ganzen sein.

„Kinder brauchen immer noch eine Kindheit mit Dreck, Schlamm, Pfützen, Bäumen, Stöcken und Kaulquappen."

BROOKE HAMPTON

Rückblicke – ein interessantes Gespräch

Als Erwachsene erinnern wir uns immer wieder an die Kindheit zurück: die Schulzeit, den Leistungsdruck, die soziale Komponente. Während einer Wartezeit am Flughafen weckte ein neben mir geführtes Gespräch dazu mein Interesse. Es ging um Rückblicke auf die Zeit der Kindheit, wie diese als prägend empfunden wurde und wie sie in späteren Jahren ihre Früchte getragen hat. Unweigerlich kamen mir meine eigenen Kindheitserfahrungen in den Sinn und ich fragte mich, ob mein Weg ein anderer gewesen wäre, wenn ich eine andere Kindheit gehabt hätte, anders aufgewachsen wäre.

Ich weiß es nicht, denn jeder Mensch bringt ja neben den Einflüssen durch die Eltern und die Umwelt individuelle Veranlagungen mit ins Leben und die Wege, die sich im Laufe der Jahre auftun, sind ebenso wie gelegentliche Schicksalseinwirkungen nicht vorhersehbar. Sicher bin ich, dass die Kindheit eine prägende Phase ist. Der Gesprächsinhalt regte mich dahingehend auf jeden Fall zum Nachdenken an.

„In der Jugend lernen wir, im Alter verstehen wir."

MARIE VON EBNER-ESCHENBACH

Eine Person berichtete, dass ihre Kindheit von familiärem Zusammenhalt geprägt war. Beide Elternteile arbeiteten, Oma unterstützte gelegentlich im Haushalt und die erarbeiteten Werte wurden geschätzt. Die Zeit wurde als glücklich empfunden. Das erinnerte mich sehr an meine eigene Kindheit:

Meine Eltern arbeiteten beide in der kleinen Steuerkanzlei meines Vaters und hielten den Familienbetrieb am Laufen. Oma nahm die Mühe auf sich, jeden Morgen rund vier Kilometer zu Fuß zu uns zurückzulegen, um bis mittags den Haushalt zu übernehmen. Anschließend lief sie wieder die ganze Strecke nach Hause. Das schaffte sie so bis ins hohe Alter. Durch diesen Zusammenhalt konnten meine Eltern beide arbeiten und unseren Lebensunterhalt sichern. Mein Vater achtete die geschaffene finanzielle Basis. Wir lebten gut, aber keinesfalls über die Verhältnisse. Er war ein strenger, aber gerechter Mann und tat alles für mich. Ich war sein einziges Kind und er liebte mich abgöttisch. So wuchs ich bescheiden, aber glücklich auf, sehr geprägt auch durch eben diesen Zusammenhalt der Familie über die Generationen hinweg.

Ganz anderes schilderte es eine Bekannte, die zunächst ohne Vater aufwuchs. Die Mutter war alleinerziehend, arbeitete ab dem Kindergartenalter ganztags, die Bekannte verbrachte die Tage daher im Kindergarten. Sie bewohnten eine kleine Wohnung, doch trotz der beengten Verhältnisse wurde die Zeit ebenfalls als glücklich empfunden, bis die Mutter einen Mann kennenlernte und ihn heiratete. Aus den Umständen heraus hatte sie ihr Kind zunächst zur Selbstständigkeit erzogen und sie pflegte ein freundschaftliches Verhältnis auf Augenhöhe mit ihrer Tochter. Mit dem neuen Vater kehrte dagegen Autorität ein und statt der bisherigen Eigenständigkeit wurde von dem Kind Gehorsam erwartet. Diesen Wechsel empfindet meine Bekannte noch heute als extrem und berichtet, dass sie als Kind arg daran zu knabbern hatte.

Strenge kannte ich von meinem Vater – es war eine Form von liebevoller Strenge, von Fürsorge geleitet. Er hatte feste Vorstellungen vom familiären Zusammenleben: Wir frühstückten zusammen, aßen gemeinsam zu Mittag und zu Abend. Dann gab es noch die gemeinsamen Sonntagsspaziergänge und auch Familienfeste wie Weihnachten hatten einen hohen Stellenwert. Daran und an die jährlichen Jesolo-Urlaube habe ich bis heute wunderschöne bleibende Erinnerungen. Das sind Traditionen, die ich weiterführe. Mein Vater war eine Leitfigur für mich und bei ihm hatte alles eine Art göttlicher Ordnung.

Schöne Zeiten verbrachten wir auch auf unseren Ausflügen, die wir regelmäßig nach dem Mittagessen unternahmen. Ich war etwa zwischen fünf und sieben Jahre alt, als wir zusammen mit dem Fahrrad losfuhren, oft zum Bahnhof, wo wir die Züge auf der Garmisch-München-Strecke anschauten und dabei ins Philosophieren gerieten: Wenn man auf einem Gleis steht, ist man gleichzeitig mit der ganzen Welt verbunden! Solche Unternehmungen mit meinem Vater waren besonders wertvoll für mich. Sie machten mich glücklich und dazu brauchte es keine Reichtümer.

Die Strenge meines Vaters hat mich sicherlich geformt, er hatte auch hohe Leistungsanforderungen an mich. Mein Vater vermittelte dadurch einen fixen Rahmen, der Verpflichtungen und Freiheiten gleichermaßen umfasste.

Meine Bekannte hingegen hatte offensichtlich ein Problem mit der Strenge. Vielleicht lag es daran, dass einfach die konsequente Umsetzung von klaren Vorstellungen fehlte, schien das Zusammenleben mit der Mutter alleine ja eher gegensätzlich geprägt gewesen zu sein. Gerade in dem jungen Alter mag so etwas problematisch sein.

Parallelen in der weiteren Entwicklung gab es aber dann doch: Wir kämpften beide mit Problemen in der Schule, mit der Schwierigkeit Anschluss zu finden, und auch mit der Leistung lief es nicht immer rund.

Das fand ich nun wieder sehr spannend in Anbetracht der doch so konträren Familiengeschichten und Kindheitserfahrungen. Meine Bekannte hatte erzählt, dass sie zwar schon vor der Grundschule lesen und schreiben konnte, dann aber gleich im ersten Schuljahr Schwierigkeiten in der Schule hatte, was sie vor allem auf ihre Unsicherheit zurückführte. Die sozialen Interaktionen fielen ihr schwer, sie blieb lieber außen vor und zog sich in sich selbst zurück.

Bei mir dagegen gab es mit dem Wechsel auf das Gymnasium und im Anschluss Probleme. Ich gab mir zwar Mühe, die hohen Erwartungen meines Vaters an meine Leistung zu erfüllen, trotzdem klappte es nicht mit dem geplanten Wechsel direkt nach der vierten Klasse. Als ich schließlich am Gymnasium aufgenommen wurde, fand ich nur schwer Anschluss. Die neuen Klassenkameraden waren mir fremd, sie kannten sich zum großen Teil noch aus der Grundschule und so fand ich mich in bereits zusammengewachsenen Strukturen wieder. Zudem war ich eher schüchtern und schließlich erschwerte der Altersunterschied das Entstehen

von Freundschaften – ich war ein Jahr älter als meine Klassenkameraden. Oft durfte ich bereits andere Dinge als sie, sei es einen bestimmten Kinofilm ansehen, Discobesuche oder diverse Treffen.

Freunde hatte ich daher nur im engsten Kreis. Wir spielten und lernten zusammen, doch daraus wurden keine Freundschaften für längere Zeit, geschweige denn fürs Leben. Heute ist von ihnen keiner geblieben. Was jedoch geblieben ist, ist die Prägung durch meinen Vater. Und so habe ich heute seine Leistungsansprüche, in abgeschwächter Form, auch an meine eigene Tochter. Leistung erachte ich ebenso wie mein Vater als wichtig und wie bei mir gestaltete sich bei ihr der Wechsel nach der Grundschule nicht ganz so reibungslos. Das regt mich durchaus zum Nachdenken an.

Ob die hohen Leistungs- und Disziplinanforderungen meines Vaters wirklich der Königsweg waren, darüber mögen die Meinungen auseinandergehen. Ich habe versucht, sie zu erfüllen, wenn es auch manchmal holprig war, und ich habe heute meinen Weg gefunden. Geschadet hat es mir gewiss nicht. Vielmehr mache ich mir Gedanken darüber, dass ich immer bestrebt war, es allen recht zu machen. Ich durfte im Laufe meines Lebens lernen, dass es nichts bringt, immer auf die Bedürfnisse anderer Rücksicht zu nehmen. Dieser Lernprozess war wiederholt mit schmerzhaften Lektionen verbunden, aber nun bin ich schlauer und weiß: Mit einer solchen Einstellung droht, dass die eigene Meinung bis hin zur eigenen Identität vernachlässigt oder gar aufgegeben wird. Man verliert sich.

Wie wichtig ist es, Anforderungen zu genügen?

Ich bin überzeugt, eine klare Linie und Strukturierung ist für Kinder wichtig. Dazu zählen auch klare Erwartungshaltungen. Das ist nicht zuletzt etwas, an dem sich Kinder orientieren können. Trotz der eher turbulenten Kindheit erzählte meine Bekannte aber, dass sie schließlich ihr Abitur gemacht und „einen ordentlichen Beruf" gelernt habe. Das sei aus eigenem Antrieb geschehen, eine elterliche Anleitung oder Unterstützung habe ihr gefehlt. Sie betonte auch, dass sie dadurch gelernt habe, ihre eigenen Bedürfnisse stark zu berücksichtigen, wodurch sie eben diesem inneren Antrieb gefolgt ist. Ebenso neige sie aber dazu, bei empfundenen Disharmonien recht schnell alle Zelte abzubrechen. Derartiges wäre völlig gegen die Erwartung meines Vaters gewesen – Disziplin war für ihn eine hohe Tugend.

Andererseits habe ich selbst durch schwere Erfahrungen lernen müssen, auch auf meine eigenen Bedürfnisse zu achten und es nicht immer anderen recht machen zu wollen. Sicher sind jene Bedürfnisse anderer Menschen auch zu achten, doch man muss auch Grenzen setzen können, wenn die eigenen Bedürfnisse zu kurz kommen. Wie so oft scheint es eine Gratwanderung, den goldenen Mittelweg zu finden.

Scheinbar müssen doch einige Menschen einschneidende Erfahrungen sammeln, um das zu erkennen. Bei besagter Person fand das schon recht früh in der Kindheit statt, bei mir führten erst verschiedene Lektionen im Erwachsenenalter zu dieser Erkenntnis. Immer wieder geht es durch schwere Erfahrungen letztendlich aber anscheinend auch darum, die eigenen Bedürfnisse und das eigene Innenleben nicht hintenan zu stellen, sich nicht zu verbiegen und sich selbst treu zu bleiben. Alles andere geht auf Kosten der Gesundheit und steht auch einer eigenen freien, unbeschwerten Lebensweise im Wege.

Leben mit Biss

Passenderweise findet gegen Ende der ersten Lebensphase der Zahnwechsel statt und Kinder können im übertragenen Sinne mit mehr Biss ins Schulalter starten. Der kommt nicht ungelegen in Anbetracht der ersten Leistungsvergleiche, des vielleicht ersten sich anbahnenden Konkurrenzdenkens zwischen Mitschülern und des eventuellen Drucks der Eltern. Auch im sozialen Bereich ist bisweilen etwas Biss angesagt. Schon in der Grundschule bilden sich Grüppchen und Kinder können in ihren offenen Worten bisweilen verletzend sein.

Mit ein wenig Biss durch das Leben zu gehen kann folglich sehr hilfreich sein. Wird Verbissenheit daraus, tut das dagegen langfristig nicht gut.

Es beginnt also der erste Ernst des Lebens und im ungefähren Alter von 7 bis 14 Jahren finden wie in der ersten Lebensphase gewaltige Entwicklungsschritte statt. Noch strahlen die Kinderaugen ihre neugierige, klare und unbedarfte Offenheit aus, doch immer mehr blitzt da auch noch etwas anderes durch. Die Entwicklung geht immer mehr in Richtung Eigenständigkeit einerseits, andererseits lenken die Umwelt, die schulischen Anforderungen und die Erwartungshaltungen die Entwicklung in Richtung dessen, was von Erwachsenen erwartet und gefordert wird.

Zunehmend geht es nun darum, sich im Leben zurechtzufinden, eine eigene Position zu finden und diese auch zu vertreten. Das Ego entwickelt sich und es bildet sich je nach Mensch mehr oder weniger Durchsetzungsvermögen. Kinder entwickeln nun auch eigene Strategien des Umgangs mit allem. So beißt sich jeder auf seine eigene Art durch das Leben.

Das Konsumdenken hält Einzug

Noch gewinnt die Ernsthaftigkeit des Lebens nicht die Oberhand. Noch drängt es Kinder zu spielen und zu toben, ausgelassene und unbeschwerte Zeit zu verbringen, sich zu verkleiden, den Spielplatz unsicher zu machen, Banden zu gründen oder was auch immer das Herz befiehlt, spontan in die Tat umzusetzen. In Pfützen zu springen ist ebenso okay wie sich im Schnee zu wälzen, einen Blumenkranz zu flechten oder mit Schlamm anzumalen. Spätestens mit der zweiten Hälfte dieser Lebensphase wird das immer weniger selbstverständlich, die Interessen wechseln, aus Spiel wird zunehmend Ernst.

Speziell die Altersgruppe bis 14 ist auch für die Werbebranche interessant, die geschickt vorgeht und weiß, wie Kinder zu packen sind. Was kurz zuvor überhaupt keine Rolle im Leben gespielt hat, wird auf einmal zum Must-have: Es werden gezielt Bedürfnisse geweckt und das Kind muss dieses Etwas unbedingt haben. Wiederum drängt auch Vergleichszwang an die Oberfläche. „Alle in meiner Klasse haben das" oder „XY hat das aber auch". Das Kind fühlt sich benachteiligt, wenn es das nicht hat. Statusdenken nimmt Formen an. Das kann auf verschiedenen Ebenen stattfinden. Bestimmte Frisuren können ebenso wichtig werden wie Markenklamotten, ein bestimmtes Spielzeug, Ohrringe oder das gerade im Trend liegende Schulmaterial.

Das Verhalten anderer, deren Denkweise, Auftreten und Ansprüche einfach an sich abprallen lassen, fällt Erwachsenen schwer. Für Kinder ist es eine enorme Herausforderung, dazwischen ihre eigene Position zu finden und sie noch dazu zu vertreten. Das ist ein Lernprozess, der sich über viele Jahre hinziehen kann oder niemals wirklich abgeschlossen wird. Erst einmal geht es darum, ein gesundes Selbstwertgefühl zu entwickeln und den unterschiedlichen Bereichen im Leben einen eigenen Stellenwert zuzumessen. Der kann sich ändern, wie ich selbst durch verschiedene einschneidende Erfahrungen feststellen durfte.

Der ideale Weg wäre wiederum zu erkennen, wie wichtig eine solide materielle Basis ist, andererseits aber sich selbst, die inneren Werte, nicht aus den Augen zu verlieren. Eine Portion Empathie und Mitgefühl sind gute Begleiter im Leben, doch das darf in einem gesunden Maß nur so weit gehen, wie auch du selbst nicht zu kurz kommst. Andere Menschen haben ihre Rechte und Freiheiten, aber die haben ihre Grenze genau dort wo deine eigenen Rechte und Freiheiten anfangen.

„Lasse das Verhalten anderer nicht deinen inneren Frieden stören."

DALAI LAMA

Das gelingt sicher nicht immer, aber es schadet nicht, dies im Hinterkopf zu behalten und sich bei Gelegenheit immer mal wieder darauf zu besinnen.

„Du wirst nicht für immer jung sein.
Tue jeden Tag, was dich glücklich macht."

LEBENSWEISHEIT

3

Zwischen Himmel und Erde – Freiheiten und Entscheidungen

Es ist die dritte siebenjährige Lebensphase. Im übertragenen Sinne steht die Sonne nun an einem Vormittag im Südosten und bewegt sich langsam, aber stetig auf ihre Hochphase in der Mittagszeit zu. Sie verbreitet bereits angenehme Wärme in der noch morgenfrischen klaren Luft. Unaufhaltsam nimmt sie ihren Lauf am Himmel, wie auch das menschliche Leben voranschreitet und mit ihm die Entwicklung.

Übertragen auf die Jahreszeiten gleicht das Alter von etwa 14 bis 21 Jahren dem späteren Frühling, in dem noch vieles sprießt, einiges aber auch schon in voller Blüte steht. Zum Sommer hin entwickeln sich die zahlreichen Früchte in ihrer Vielfalt. Ebenso sprießen in dieser Lebensphase zwischen vereinzelt schon verbreiteten Blüten neue, um sich später zur Frucht zu entfalten. Nicht alle jungen Pflanzen sind aber kräftig genug, manche gehen ein.

Viel hängt von der schulischen Leistung ab und die Entscheidung für eine berufliche Richtung nimmt ernstere Formen an. Waren in der Kindheit noch wechselnde, oft kaum miteinander zu vereinbarende Träume und Wünsche in Ordnung, von der Feuerwehrkraft über die Bäckerin oder die Astronautin bis hin zur Ärztin oder Tierpflegerin, werden nun konkretere Vorstellungen erwartet. Soll es ein akademischer Beruf sein, steht ein Studium an, geht es in die soziale oder pflegerische Richtung, eher in die handwerkliche oder in den Verkauf? Liegt der Schwerpunkt vielleicht gar nicht auf einer beruflichen Perspektive und Zukunft, sondern auf der Familienplanung?

Welches sind die Stärken und Fähigkeiten, die sich nutzen und ausbauen lassen, welches die Interessen und Vorlieben, die aus einem inneren Antrieb heraus ebenfalls berücksichtigt werden möchten?

Die nun getroffenen Entscheidungen sind keine endgültigen, aber weichenstellende. Es gibt immer im Leben, zu jedem Zeitpunkt, die Möglichkeit, eine andere oder ganz neue Richtung einzuschlagen. Doch erst einmal muss ein Anfang gemacht werden. Schließlich geht es darum, auf eigenen Füßen zu stehen, sich selbst versorgen zu können, vollwertig im Leben zu agieren und sich das auch finanziell leisten zu können. Umsetzen lässt sich dies auf vielerlei Weise; die Konsequenz ist stets, dass man mit einer Entscheidung zur Umsetzung zunächst leben und zurechtkommen muss. Idealerweise geht es daher in eine Richtung, die auch glücklich macht und innerlich erfüllt. Andernfalls ist wie gesagt immer noch ein Richtungswechsel möglich, doch auch der muss umgesetzt werden.

Eine Reise durch die dritte Lebensphase

Wer bin ich und wer will ich sein? Diese Frage zieht sich wie ein roter Faden durch die Jugend und das junge Erwachsenenalter. Später begleitet sie immer noch, doch in dieser Zeit hat sie einen enormen Stellenwert von höchster Bedeutung. Unterschwellig schwingt immer auch die Frage mit: Wer soll ich sein?

In dieser Lebensphase formt sich die Identität. Soziale Interaktionen und Beziehungen zu anderen Menschen erhalten einen neuen Stellenwert. Alles Geschehen, Menschen und das Selbst werden unter einem neuen Licht betrachtet. Eigene Talente und Leidenschaften werden entdeckt. Sie möchten ausgelebt werden. Fähigkeiten und Stärken möchten erprobt werden und zwangsläufig werden dabei ebenso Schwächen enttarnt. Es geht primär darum, die eigenen Werte zu erkennen und für sich selbst zu definieren, was einen einzigartig macht, von anderen abhebt. Zugleich werden Normen an die eigene Person herangetragen und es wird erwartet, diesen zu entsprechen. Hin- und hergerissen zwischen Identitätsentwicklung und Integrität, das ist ein erster großer Konflikt, den es zu bewältigen gilt – wiederum oft auch später noch. Jetzt ist die Bedeutung jedoch enorm, da eine erste intensive Identitätssuche und -definition stattfindet.

Im zwischenmenschlichen Bereich besteht der Konflikt in dem Wunsch, sich zugehörig zu fühlen, akzeptiert und anerkannt zu werden. Dem können eigene Bedürfnisse konträr gegenüberstehen. Das wird durch ein emotionales Chaos gelegentlich noch erschwert: Der Hormonhaushalt verändert sich, im Gehirn werden neue Schaltkreise für die angestrebte Eigenständigkeit im Erwachsenenalter gelegt, Dingen und Menschen zugewiesene Stellenwerte verändern sich. Ausgelassene Euphorie und Selbstzweifel können Hand in Hand gehen, was zu innerer Aufgewühltheit und Verwirrung führt. Wunschträume verführen in himmlische Sphären, bodenständige rationale Ziele regen parallel zu irdisch verhafteter materieller Orientierung an.

Die schulischen Anforderungen sind hoch – es geht um Leistungserbringung, denn davon hängt viel ab. Die Außenwelt erwartet gute Leistungen und innerlich kann ein hoher Druck entstehen, möchte man doch nicht als Versager dastehen. Gleichermaßen regt sich der Wunsch nach persönlicher Entfaltung und Erfüllung der tiefsten inneren Bedürfnisse. Solche regen sich vielleicht nur vage, schwer zu konkretisieren: Sie möchten erkannt und als solche identifiziert werden und ihr innerliches Regen gleicht einem Streben an die Oberfläche, was eine andere Art von Druck erzeugt. Wahrlich können in dieser Lebensphase bildhaft ausgedrückt bisweilen Vulkane in einem toben.

Es regt sich der Wunsch nach Freiheit und Unabhängigkeit einerseits, andererseits bestehen noch immer Abhängigkeiten und Dogmen durch die Eltern oder andere Erwachsene. Der Wunsch nach Freiheit und Unabhängigkeit steht außerdem einer Unsicher-

heit gegenüber, ob die eigenen Fähigkeiten tatsächlich genügen. Das verleiht der noch bestehenden Abhängigkeit dann wieder einen Sinn, denn die Eltern und die sichere Basis zu Hause können ein Anker und Heimathafen sein. Mit einer solchen Sicherheitsleine kann es gleich viel besser gelingen, Möglichkeiten zur Selbstentfaltung zu nutzen, sich zu erproben und auszuprobieren.

Es ist eine Lebensphase voller Gedanken. Sie geht mit Selbstreflexion einher, mit der Entwicklung eigener Grundsätze, mit dem Beobachten und Neubewerten der Umwelt und anderer Menschen. Zwischen äußeren Normen und Erwartungen möchte die eigene Authentizität entdeckt und gewahrt werden. Es stehen immer wieder Prüfungen an, es kann zu Rückschlägen kommen, das Aufdecken eigener Schwächen kann ins Stolpern bringen. Dabei ist die Erkenntnis ein Lernprozess: Niemand ist perfekt und Schwächen sind ein Teil der Einzigartigkeit des Selbst.

Viele Erkenntnisse dieser Zeit begleiten durch das gesamte weitere Leben. Aus Fehlern kann gelernt werden. Schwächen sind kein Laster und eigentlich sogar nur dann Schwächen, wenn sie als solche bewertet werden. Stärken und Fähigkeiten können ausgebaut werden; sie öffnen Wege und stärken das Selbstwertgefühl. Rückschläge kommen im Leben vor, dann heißt es Aufstehen, Krönchen richten und weitergehen – wie das kleine Kind, das sich trotz all dem Auf-den-Po-plumpsen unermüdlich immer wieder aufrappelt, ohne sich entmutigen zu lassen. Dieses kleine Kind warst du und deshalb schlummert dieses Potenzial in dir, das dich durch dein ganzes weiteres Leben begleitet!

Das Schwanken zwischen den inneren Werten und der Erfüllung äußerer Erwartungen ist zweifelsfrei eine Herausforderung. Es bietet dafür die große Chance, neben dem Streben nach äußerer Wertschätzung eine innere Wertschätzung zu erlangen oder zumindest die Saat dafür zu legen, denn Lernprozesse und Wachstum sind dynamisch, nicht zeitlich begrenzt und selbst im hohen Alter noch erlaubt.

Der Ruf des Herzens

In kaum einer anderen Lebensphase ist der Ruf des Herzens so stark oder wird derart intensiv wahrgenommen wie in der Jugend und im jungen Erwachsenenalter. Das Selbst möchte sich entfalten dürfen. Auch später regt es sich noch zwischen den vielen Verpflichtungen des Lebens, doch nun findet sein erster großer Aufschrei und Drang an die Oberfläche statt.

Es mag ein Bedürfnis sein, mit Normen konform zu gehen, um nicht anzuecken. Die Erfüllung äußerer Erwartungshaltungen kann zu Anerkennung führen und Anerkennung ist ein ebenfalls ernst zu nehmendes Bedürfnis. Es anderen recht machen zu wollen ist vom Bestreben begleitet, anderen zu Zufriedenheit zu verhelfen und dafür eine Akzeptanz des eigenen Wertes beziehungsweise Wertschätzung zu erhalten.

All das ist völlig gerechtfertigt. Das Risiko besteht darin, den Fokus für sich selbst zu verlieren, das leise Flüstern der eigenen Bedürfnisse zu überhören. Dazu ein Beispiel: Möchtest du einem durstigen Gegenüber erfrischendes Wasser zu trinken anbieten, gelingt das nur, wenn du ein mit Wasser gefülltes Gefäß zur Hand hast. Dieses Gefäß bist du und das Wasser sind deine erfüllten Bedürfnisse. Kümmerst du dich zu wenig um dich selbst, gleichst du einem leeren Gefäß und kannst nichts abgeben. Die eigene innere Fülle, die erlebte Erfülltheit ist dein Reichtum. Deshalb stehst du für dich selbst an erster Stelle. Bist du ausgelaugt, ist damit weder dir noch anderen gedient. Außerdem gibt es keinen Grund, die Bedürfnisse anderer über eigene zu stellen, denn jeder Mensch hat diesbezüglich die gleichen Rechte. Es ist eine gesunde Portion Egoismus notwendig, um die eigenen Bedürfnisse zu erspüren und ernst zu nehmen. Der will vielleicht gelernt sein, bedeutet jedoch in Wahrheit nichts als Selbstliebe und Selbstfürsorge.

Wer selbst innerlich zufrieden ist, kann auch Zufriedenheit ausstrahlen. Ein Obdachloser kann nur eine Spende erhalten, wenn die eigene Tasche gefüllt ist. Einem anderen Menschen kann nur ein Gefallen getan werden, wenn Kapazität dafür vorhanden ist. Es ist niemandes Menschen Aufgabe, sich für einen anderen Menschen zu verbiegen, sondern die eigene Authentizität, die eigene Individualität anzuerkennen, sie wertzuschätzen und sie zu leben.

Das leise Flüstern der eigenen Bedürfnisse, die Rufe des Herzens, sie werden wie so oft gerne von dem lauten Drumherum übertönt. Das Geheimnis ist, mal wieder, das gelegentliche Innehalten, innerlich zur Ruhe zu kommen, sich einen Moment der Stille zu schaffen. Dann kann deine innere Stimme durchdringen und gehört werden. Das eigene Innenleben hat dieselbe Aufmerksamkeit verdient wie das Außen.

Das klingt wieder sehr theoretisch, vielleicht auch etwas philosophisch-spirituell angehaucht, und doch ist es so enorm wichtig, wie ich selbst in vielen schweren Lektionen lernen durfte. Auch du wirst deinen von Lektionen gespickten Weg gehen, das gehört zum Leben dazu. Betrachte diese Ausführungen als Anker, auf den du jederzeit im Leben zurückgreifen kannst. Sie sind eine Sicherheitsleine, bei Bedarf auch eine Rettungsleine, die ich dir geben möchte, damit du dich selbst letztendlich nie aus den Augen verlierst, bei Verzweiflung neuen Mut schöpfen kannst, dich von der Liebe zu dir selbst leiten lassen kannst, deine eigene Wertschätzung nicht nur finden, sondern auch bewahren kannst. Deine eigenen Bedürfnisse sind kein Luxusgut, das du dir verdienen musst, sondern sie gehören dir und sind dein Schatz. Lausche und nimm sie wahr, damit sie dir zu Erfüllung, glücklichen Gefühlen, Zufriedenheit und Freude verhelfen können.

Sie sind die Fülle in dir, das Wasser in dem Gefäß, aus dem du selbst schöpfen kannst und das in seinem Reichtum sogar noch andere beglücken kann.

Erinnerungen: Der Weg ist das Ziel?

Manchmal geht es darum, das Ausleben von Wunschträumen von echtem Potenzial abzugrenzen. Wohl können Wunschträume den eigenen Bedürfnissen entstammen und sie sollten deshalb ernst genommen werden. Es kann sich dennoch eines Tages herausstellen, dass sie in eine Sackgasse führen oder einfach nicht zum erhofften Erfolg führen. Herausfinden wirst du es nur, wenn du sie auslebst – oder es versuchst. Nicht immer lässt sich alles verwirklichen und das ist eine weitere Lektion, die zu lernen ist. Aber Wünsche und Bedürfnisse haben ihren Grund und ihre Berechtigung zu existieren. Sie können wahre Stärken und Fähigkeiten offenbaren, sie können sich in der Umsetzung als Flop erweisen, doch immer bergen auch solche Flops, Rückschläge oder Erkenntnisse, dass ein Weg ins Nirgendwo führt, eine Chance.

> ***„Denke daran, dass etwas, das du nicht bekommst, manchmal eine wunderbare Fügung des Schicksals sein kann."***
>
> **DALAI LAMA**

Als ich seinerzeit noch immer am Flughafen saß, es war rund eine Stunde Verspätung zu überbrücken und die beiden Personen neben mir waren inzwischen nach Irgendwo verschwunden, hörte ich in der Nähe Gitarrenmusik. Das klang großartig. Erneut zogen Erinnerungen herauf, die mich zum Nachdenken brachten.

Auch ich habe mich in dieser Lebensphase ausprobiert und folgte dem Drang, neue Ufer zu entdecken. Manch eine Leidenschaft flammte auf und verpuffte wieder. Ich wollte mich selbst verwirklichen und wann ist eine Zeit besser geeignet als jenes Alter, in dem die Freiheit und der Elan dazu noch gegeben sind, in dem noch nicht anderweitige Verpflichtungen die Regie übernommen haben?

> ***„Eines Tages wirst du aufwachen und keine Zeit mehr haben für die Dinge, die du immer wolltest. Tu sie jetzt."***
>
> **PAULO COELHO**

Die konkreten Vorstellungen meines Vaters waren völlig abweichend von meinen eigenen. Wohl habe ich auch Ratschläge meines Vaters berücksichtigt, jedoch nicht darauf verzichtet, eigene Interessen zu verfolgen. Er hatte im Sinn, ich sollte Steuerberater werden. Ich sah mich als erfolgreicher Musiker. Diesen Traum wollte ich unbedingt verwirklichen. Der Medienbereich übte einen weiteren starken Reiz auf mich aus.

Mehrere Jahre spielte ich Akkordeon, Keyboard und Orgel in der Kirche. Oft übte ich mehrere Stunden am Tag, investierte viel Zeit und Energie. Trotz meines Einsatzes und enormen Engagements musste ich feststellen, dass ich maximal guten Durchschnitt erreichte. Was mir am Flughafen ans Ohr drang, klang wesentlich besser, und das bei einem vermutlichen Straßenmusiker! Akkordeon und Klavier spielen in allen Variationen entsprach schlicht nicht meinen Fähigkeiten, mir fehlte die Veranlagung. Der Traum platzte, erwies sich als ein typischer Flop, der in einer Sackgasse endete. Viele andere Bereiche hatte ich dafür vernachlässigt – solche, die meinen Veranlagungen und Fähigkeiten entsprachen. Diese hatte ich dafür brach liegen lassen. War es deshalb verschwendete Zeit? Nein, denn so war ich um eine Erkenntnis reicher:

Fokussiere dich auf deine Stärken.

Das tat ich, bildete mich weiter, um meine Fähigkeiten auszubauen. Dadurch konnte ich mich profilieren, hatte statt dem obigen Misserfolg Erfolgserlebnisse. Dafür erntete ich Anerkennung und verspürte eine innige Freude. Der Weg dazu tat sich auf, als in Garmisch ein neuer Lokalsender eröffnete: Radio Oberland. Ich war 17 und bewarb mich spontan. Ich bekam einen Aushilfsjob, durfte Bänder schneiden und hatte meinen Spaß an Bürgerinterviews. Wiederum engagierte ich mich stark und diesmal lohnte es sich – ich durfte eine Samstagmorgensendung vorbereiten. Das war der Beginn meiner Hörfunkkarriere. Beim Publikum kam ich gut an, ich arbeitete weiter an meinen Fähigkeiten, übte mich Tag und Nacht in der Ausdrucksweise und Stimme sowie der Technik. Schließlich wurde mir die Verantwortung für fast das gesamte Wochenendprogramm übertragen.

Bei allem Erfolg und innerer Erfüllung, da ich meine Bedürfnisse derart ausleben konnte und gut darin war, folgte ein Rückschlag. Es gab innerbetriebliche Spannungen und dem Hauptmoderator waren meine Beliebtheit und mein Erfolg ein Dorn im Auge. Ich durfte gehen. Was mir so viel Freude bereitet hatte, wurde mir einfach genommen. Es war ein herber Rückschlag und ich lernte, dass man manches einfach hinnehmen und akzeptieren muss. Es führt zu nichts, sich mit Unveränderlichem aufzuhalten, sich zu grämen oder gar in ein tiefes Loch fallen zu lassen. Die Akzeptanz des Unveränderlichen und damit umgehen lernen, mit den gegebenen Umständen leben, das Beste daraus zu machen, ist eine grundlegende Lektion, eine immer wiederkehrende Herausforderung im Leben. Ist es kalt, hadere nicht mit dem Wetter, sondern passe deine Kleidung an.

Denke an das Beispiel mit der Strömung: Finde in schwierigen Momenten die beste Lösung für dich. Lass dich nicht willenlos aufs offene Meer hinausziehen, das wäre Selbstaufgabe. Kämpfe nicht vergeblich gegen eine Strömung an, die viel zu stark ist, das wäre Energieverschwendung, die nicht zum Erfolg führen kann. Besinne dich auf deine Fähigkeiten, nimm das Unveränderliche als gegeben hin und nutze dein Potenzial, dann zieht dich diese Strömung allenfalls noch ein wenig mit, hat aber keine Kontrolle über dich. Du steuerst unbeirrbar das ruhige Gewässer außerhalb von ihr an.

Trotz dieser Erfahrung profitiere ich noch heute von dieser Zeit, denn sie trug maßgeblich zu meinem heutigen Erfolg bei: Die eigenen Stärken bergen das Potenzial zu Anerkennung und tief empfundener Zufriedenheit. Ebenfalls trotz dieser Erfahrung wollte ich weiter im Medienbereich arbeiten. Ein weiteres Ziel war, Medizin zu studieren. Daneben reizten mich andere Dinge: Ich war voller Elan für vieles – und vieles entpuppte sich als Sackgasse, aber:

„Ein Misserfolg ist lediglich die Möglichkeit, schlauer von Neuem zu beginnen."

HENRY FORD

„Versuche nicht, jemanden zu verändern. Verändere, wie du mit ihnen umgehst.“

LEBENSWEISHEIT

4

Selbstbehauptung – oder: Macht die Sinnhaftigkeit Sinn?

Endlich erwachsen: Das Alter wurde zwar herabgesetzt, vor Jahren noch galt man jedoch in Deutschland erst mit 21 als volljährig. In den Jahren zuvor wird in einigen Dingen noch eine gewisse Nachsicht geübt, mit der Volljährigkeit tritt jedoch eine volle Verantwortung in Kraft.

Die Gemeinden der Amish nehmen den vorangegangenen 7-Jahres-Zyklus der Selbstfindung bis zur Volljährigkeit sehr ernst. Bei ihnen gibt es die „Rumspringa-Jahre". Ist das Leben der Menschen dort ansonsten streng geregelt und strikten Glaubenssätzen unterworfen, genießen junge Menschen ab etwa der Pubertät die Freiheiten einer Übergangszeit. Sie unterliegen weniger streng den Normen der Gemeinschaft und der Religion, sondern dürfen „herumspringen". Sie dürfen sich ausprobieren, ihre Überzeugung und ihren Weg finden. Anschließend müssen sie sich entscheiden, ob sie der Gemeinschaft beitreten und ihr Leben nach deren Normen gestalten. Tun sie das, dann mit allen Konsequenzen.

Es gibt allerdings in unserer modernen Welt kein Gesetz, das es verbieten würde, auch im Erwachsenenalter noch Wunschträume auszuleben und neue Wege einzuschlagen. Bewahre dir derartige Optionen. Allzu schnell verrennt man sich im Leben in etwas und verliert das Wesentliche sowie sich selbst aus den Augen. Es ist nie zu spät, sich zwischendurch zu besinnen und vielleicht auch Scheuklappen abzunehmen, die sich im Laufe der Zeit gebildet haben.

Begeben wir uns also mit noch immer frischem Schwung in die vierte Lebensphase. Viele Gedanken, eventuell auch viel Zeit und viele Kapazitäten wurden in den Jahren zuvor aufgewendet, nach der Sinnhaftigkeit des Lebens, den eigenen Zielen und Werten zu forschen. Abgeschlossen ist die Suche in diesem Lebensalter längst nicht. Vieles wird aber jetzt wesentlich konkreter. Dazu zählen Verpflichtungen, Verantwortung, das Tragen von Konsequenzen und die Selbstbehauptung. Die Akzeptanz verschiedener Umstände ist ein weiteres, immer wieder auftauchendes Thema.

Erinnerungen an eine holprige Strecke und Zusammenhalt

Schweifen die Gedanken erst einmal, flackern die Erinnerungen erst einmal auf, verstummen sie nicht so einfach von selbst wieder.

„Erinnerungen bewirken im Alter dasselbe wie Träume in der Jugend."

DANIEL MÜHLEMANN

Ich sitze im Flugzeug, es erhebt sich in die Lüfte. Das rege Treiben dort unten entfernt sich immer weiter. Von oben hat man einen wunderbaren Überblick, während man dort unten mitten im Geschehen ist. Ich gerate ins Nachdenken und stelle fest: Auch in meinen Rückblicken formen sich gewisse Überblicke. Ich lasse mich treiben.

Nebenbei: Wusstest du eigentlich, dass das eine Form der Meditation ist? Ganz in Gedanken versunken, sie haben freien Lauf, werden nicht gelenkt, analysiert oder bewertet, die Zeit verliert an Bedeutung, das Geschehen um dich herum gerät in den Hintergrund – in einem solchen Moment bist du ganz bei dir selbst, lässt die Stimme aus deinem Inneren flüstern und gewinnst Abstand von den Dingen außerhalb. Die Wartezeit am Flughafen und der Flug selbst verging daher diesmal ebenfalls sprichwörtlich wie im Flug und war zugleich erfüllt von einer empfundenen Ewigkeit.

Die Jahre zuvor hatte ich mich also in diesem und jenem versucht. Ich wollte auf dem Staffelsee fischen und ich wollte musizieren. In beidem war ich nicht gut, was zu Unzufriedenheit führte. Ich war Radiomoderator und wollte in diesem Bereich meine Laufbahn fortsetzen, aber das blieb mir verwehrt. Ich wollte Medizin studieren und Arzt werden. Mit all dem war mein Vater weniger einverstanden und beharrte auf seinem Wunsch meiner beruflichen Laufbahn als Steuerberater.

Bereits in der siebten Klasse des Gymnasiums regte er mich an, statt Latein Französisch als Fremdsprache zu wählen. Latein bezeichnete er als tote Sprache. Ich kam seinen Wünschen nach. Der Wunsch nach meinem Medizinstudium wurde aufgegeben. Nach dem Abitur schrieb ich mich an der Universität Regensburg ein und wählte, wiederum meinem Vater zuliebe, Studienfächer, die mich seinem Berufswunsch näherbrachten.

Ich wollte schon im ersten Semester abbrechen: Volkswirtschaft, Betriebswirtschaft und IT fielen mir denkbar schwer. Es folgte eine riesige Standpauke. „Was man anfängt, bringt man auch zu Ende!", lautete die Quintessenz. Ich biss also die Zähne zusammen und quälte mich irgendwie weiter durch den Lernstoff. Das Vor-Diplom erlangte ich mit Ach und Krach. Erst im Hauptstudium kam ich in Form und schloss es mit Bravour ab – ich war unter den zehn Besten meines Jahrgangs. Jetzt endlich konnte ich stolz auf mich sein und heute bin ich mit meinem Beruf als Steuerberater sehr zufrieden.

Meinem Vater bin ich dankbar für seine Strenge und seinen Weitblick, dafür, dass er mich stetig angetrieben hat, dass er mich nicht aufgeben ließ. Es ist dennoch zwiespältig. Meine Belohnung war der Erfolg, aber seine Strenge und der ausgeübte Druck können auch als Zwang betrachtet werden. Ich frage mich heute, was wohl geworden wäre, hätte ich mich ihm in meinem jungen Alter am Gymnasium widersetzt und später doch Medizin studiert oder hätte tatsächlich die ersehnte Laufbahn als Radiomoderator eingeschlagen.

Diese wunderschöne Zeit beim Radio holt mich häufiger ein und Wehmut breitet sich in mir aus. Spontan kommt mir das Zitat in den Sinn:

„Folge deinem Herzen, aber nimm deinen Verstand mit."

In aller Konsequenz bin ich nicht meinem Herzen gefolgt. Stattdessen habe ich einen für mich schweren Weg eingeschlagen, der harte Arbeit, Ausdauer und Selbstdisziplin erforderte.

Der Strenge meines Vaters stand der Familiensinn gegenüber, der Zusammenhalt, der auch mir einen Rahmen und Halt gab. Davon zehre ich heute ebenso noch wie von der Zeit als Radiomoderator, die mich wirklich im Herzen erfüllt und glücklich gemacht hat. Oma gab ihr Bestes, uns täglich zu unterstützen. Als sie schließlich einen Schlaganfall erlitt, zog sie ganz bei uns ein und wir kümmerten uns bis zu ihrem Tod rührend um sie. Das ist die menschliche, empathische Komponente, die einen Ausgleich zu der Strenge und den strikten Ansichten meines Vaters geschaffen hat. Sein ausgeprägter Familiensinn zeigt mir heute auch auf, dass Strenge und Druck bei ihm letztendlich von liebevoller Fürsorge geleitet waren. Er wollte, dass etwas aus mir wird, dass ich eines Tages erfolgreich im Leben stehen kann und keine Entbehrungen erleiden muss, dass es meiner eigenen Familie gut geht.

Eine Prägung über Generationen

Meine schönen Erlebnisse in der Jugend trage ich im Herzen, niemand kann sie mir mehr nehmen. Sie haben mich ebenso geprägt wie mein Vater. Auch das trage ich in mir und alles zusammen hat mich zu dem gemacht, was ich bin. Ich bereue meine Berufsentscheidung heute nicht. Die Früchte meiner Bemühungen durfte ich ernten. Niemand weiß, was aus mir geworden wäre, wenn ich einen anderen Weg gewählt hätte, entgegen den Wünschen meines Vaters. Es hätte mich ebenfalls eine enorme Portion Kraft gekostet, ich hätte viel Durchsetzungsvermögen aufbringen müssen. Wohin es mich geführt hätte, steht in den Sternen, bleibt Spekulation.

Vielleicht wäre ich heute genauso zufrieden mit meinem Beruf und Lebensstandard, vielleicht wäre das Gegenteil der Fall.

Es ist, wie es ist. Heute allerdings stehe ich vor dem Problem: Mir hat das konsequente Drängen meines Vaters keineswegs geschadet. Für meine Tochter wünsche ich als liebender Vater ebenfalls das Beste. Doch du bist ein anderer Mensch als ich. Möchte ich die Strenge meines Vaters auf dich übertragen, erwarten und verlangen, dass du dich durchbeißt, auch wenn es dir unheimlich schwerfällt? Möchte ich das wirklich?

Am liebsten würde ich vorab alle Steine wegräumen, die dir jemals in den Weg gelegt werden, ganz gleich, für welchen du dich entscheidest. Am liebsten würde ich dir all die Tücken des Lebens wie Kummer, Leid und Schicksalsschläge ersparen. Das reinste Glück der Welt wünsche ich mir für dich und dafür würde ich dir die Sterne vom Himmel holen, wenn ich könnte.

Ich wünsche mir natürlich auch, dass etwas aus dir wird, du eine solide und somit sichere Lebensbasis hast, dich für deine eigenen Erfolge feiern kannst, stolz auf dich sein kannst. Doch ich weiß zugleich, dass du deinen eigenen Weg gehen musst. In diesem Zwiespalt denke ich oft: Julia, folge deinem Herzen und du wirst irgendwann zu dem finden, was dich erfüllt, was dich zufrieden macht, was dich glücklich macht.

Hin und wieder bin ich besorgt, ob du die nötige Kraft und das Durchhaltevermögen aufbringen kannst, wenn dich ein Weg vielleicht mal in einen Sumpf führt. Ich wünsche mir so sehr, dass du Missgunst, egozentrischem Verhalten und den Versuchen der Ausnutzung durch andere Menschen etwas entgegensetzen kannst, wenn sie dir im Laufe des Lebens begegnen und dich verletzen. Das sind die Momente, die mich dazu verleiten, dich anzutreiben. Dem steht stets gegenüber, dass es mir nicht zusteht, Entscheidungen für dich zu treffen und ich doch nur möchte, dass du glücklich bist ...

Selbst musste ich mir durch schmerzhafte Erfahrungen eine gesunde Portion Egoismus aneignen und lernen, meine eigenen Bedürfnisse ernst zu nehmen. Sie hintenan zu stellen, darin hatte ich in gewissem Sinne von Kindheit an Übung, indem ich den Vorstellungen meines Vaters gefolgt bin, auch wenn ich diesen Weg nicht bereue und heute froh drum bin, einen gewissen Antrieb erhalten zu haben. Doch die Lerneffekte, die man im Leben durchlaufen muss, kommen unabhängig davon auf einen zu.

Vielleicht denkst du in schwierigen Zeiten an dieses Zitat:

„Auch aus Steinen, die einem in den Weg gelegt werden, kann man Schönes bauen."

JOHANN WOLFGANG VON GOETHE

Hadere nicht mit den Steinen, sondern überlege, wie du sie nutzen kannst, wenn sie schon einmal in deinen Weg geworfen wurden. Lasse dich gleichermaßen von deinem Herz und deinem Verstand leiten. Überlege vielleicht außerdem einfach, was das innere Kind in dir mit den Steinen anfangen würde?

Vielleicht denkst du auch daran, dass es zwar mühsam ist, einen Berg zu erklimmen, du aber, je höher du es schaffst, eine immer schönere Aussicht hast – und vor allem den Überblick, ganz erhaben hoch droben über dem Geschehen. Wenn dir also ein Berg im Weg steht, mache das Beste für dich draus.
Auch was meine Mutter immer sagte, ist so treffend: „Wer weiß, wofür das gut sein wird."

Wir wissen es im Voraus nicht, aber sicher ist, wir wachsen an jeder noch so kleinen Situation, die wir gemeistert haben und gewinnen an Kraft. Unsere Selbstbehauptung wird immer wieder auf die Probe gestellt, besonders in dieser Lebensphase, im jungen Erwachsenenalter, und diese Fähigkeit zur Selbstbehauptung kann ebenfalls wachsen.

Rückschläge, Durststrecken und Schwierigkeiten gehören im Leben leider dazu. Es scheint wie ein irgendwie geartetes Gleichgewicht von Kräften zu sein, dass Hochphasen, schönen Zeiten, Glücksgefühlen und Erfolgen solche gegenüberstehen. Versuche, sie als Chancen zu sehen, die die Möglichkeiten aufzeigen, sich weiterzuentwickeln, zu lernen und sich neu zu orientieren. Hab Vertrauen, dass es genau so richtig ist, wie es kommt. Der Sinn und Nutzen, dieses „wofür es gut sein wird", wird oft erst später ersichtlich – im Überblick aus dem Rückblick heraus.

Die ersten Schritte in der Unabhängigkeit

Dieses Alter ist die Zeit, in der sich die morgendliche Sonne bereits weit über den Horizont erhoben hat. Sie verbreitet ihr Licht und ihre Wärme kräftig und strahlt reichlich Lebenskraft aus. Es ist die Zeit des späteren Frühlings, in dem sich die Natur in großer Vielfalt zeigt, Vögel aufgeweckt zwitschern und ihre Nester bauen, sich buntes Leben entfaltet und reges Treiben herrscht.

In dieser Lebensphase erleben junge Erwachsene ihre ersten Jahre der Unabhängigkeit. Noch steht nicht jeder auf eigenen Beinen. Dennoch trägt jeder die volle Verantwortung für sein Leben, muss verstärkt eigenverantwortliche Entscheidungen treffen, sich Gedanken um die Finanzen machen, kann eigenständig planen und die eigenen Pläne umsetzen, seine errungene Identität ausleben.

Nach wie vor befindet sich der gesamte, nun körperlich ausgereifte Organismus in einer stetigen Erneuerung bis in die kleinste

Zelle. Er verfügt dabei über eine kraftvolle Energie, wie sie auch das Sonnenlicht verbreitet und sich in der Natur regt. Durchwachte Nächte und Erschöpfung kann er noch wunderbar ausgleichen.

Jeder junge Erwachsene beschreitet nun seinen eingeschlagenen Weg, darf sich behaupten und weiterentwickeln. Selbstbehauptung und Entwicklung sind Kernthemen dieser Lebensphase, die außerdem Chancen in viele Richtungen bietet. Doch wie es so ist: Wo Licht ist, ist auch Schatten – ganz wie sie sich im Sonnenschein des Vormittags zeigen. Es gibt Herausforderungen, es sind schwere Entscheidungen zu treffen. Liebesangelegenheiten und Beziehungen sind nicht immer nur „eitel Sonnenschein“, sondern zeigen sich als komplexe Gebilde, die Höhen und Tiefen bereithalten. Ebenso verhält es sich in anderen Bereichen.

Oft ist zu entscheiden, wie mit Tiefen umgegangen wird. Kämpft man sich durch, werden sie überwunden, oder wird die Erkenntnis daraus gezogen, dass es keinen Sinn macht, zu kämpfen und an der Zeit für eine Neuorientierung ist? – Stichwort Erneuerung. Es kann sich immer wieder die Frage stellen, ob die empfundene Sinnhaftigkeit tatsächlich Sinn macht. Manchmal ist es vorteilhaft, eine Situation erhobenen Hauptes zu verlassen, dann wieder lohnt es sich, dranzubleiben, sich durchzubeißen, sich zu behaupten. Hier kann es eine Gratwanderung sein zum Sich-Aufopfern oder zur Zeit- und Energieverschwendung.

Derartiges gilt es immer wieder zu prüfen. Die Musik lag mir nicht, das musste ich mir eingestehen, also schlug ich trotz allen Engagements einen anderen Weg ein. Mich durch das Studium durchzukämpfen hatte sich dagegen gelohnt. Nicht zu vernachlässigen sind diesbezüglich andere Menschen. Das Leben an sich kann schon manchmal ungerecht sein; Menschen können das erst recht. Weiter geht es mit der Selbstbehauptung – man muss sich ein etwas dickeres Fell zulegen. Es gibt einfach Menschen, die anderen nichts gönnen können oder wollen, schon gar nicht, wenn sie sich selbst dagegen verblassen fühlen, weil jemand schlicht gut in etwas ist oder sich sehr bemüht oder zielstrebig ist oder in einer Partnerschaft glücklich ist. Besonders, wenn es um materielle Güter geht, übernehmen Neid, Missgunst, Eifersucht oder Minderwertigkeitskomplexe bei manchen Menschen die Regie und veranlassen sie zu allerlei Ungerechtigkeiten, Gemeinheiten, Intrigen oder Machtspielen auf Kosten dessen, der sie vermeintlich überstrahlt.

Daher muss man gelegentlich neben den üblichen Rückschlägen, Durststrecken und Schwierigkeiten, die sich bisweilen einstellen können, auch einfach mal einstecken lernen. Einerseits muss man sich zwar irgendwie behaupten und sich nicht alles gefallen lassen, doch nicht immer macht es Sinn, die erforderliche Kraft zur Wehrhaftigkeit aufzubringen. In manchen Situationen, wie bei meiner beendeten Laufbahn als Radiomoderator, hätte man gar keine Chance zum Erfolg. Dann wieder lohnt es sich durchaus, anderen Menschen Paroli zu bieten und ihnen Grenzen aufzuzeigen. Eine Lektion dieser Lebensphase ist daher bisweilen auch zu differenzieren, selbstkritisch zu sein, aber keineswegs duckmäuserisch, die eigenen Werte zu vertreten, die anderer ebenso zu akzeptieren – man kann sie ohnehin nicht ändern.

Denke daran, dass immer, wenn eine Tür zugeht, sich eine andere öffnen kann und du frei bist für etwas Neues. Wer weiß, wofür es gut sein wird!

Geh deinen eigenen Weg

„In der Nacht sieht man die Sonne nicht! Werden Sterne nicht auch erst durch die Sonne sichtbar?"

HANS-DIETER GEISSER

Die Sonne scheint auch hinter den Wolken und wenn sie am Abend untergeht, geht sie am nächsten Morgen wieder auf. Ebbe und Flut wechseln sich wie Sommer und Winter fortwährend ab und schweren Zeiten folgen auch wieder unbeschwerte!

Meiner eigenen Erkenntnis aus dieser Zeit und den weiteren Lebensjahren folgend lautet mein Rat, aber auch meine Bitte an dich: Geh Deinen eigenen Weg.

Nimm andere Ansichten wahr und prüfe sie, vielleicht auch meine. Möglicherweise steckt eine Sinnhaftigkeit in ihnen. Entzieht sich dagegen jeglicher Sinn und Nutzen für dich, fasse den Mut, deine Schritte in eine andere Richtung zu lenken.

Dein Herz und dein Verstand werden dich letztendlich leiten.

„Am Ende des Tages ist es nur wichtig, dass ein schöner Moment dabei war, der dich lächeln ließ.“

LEBENSWEISHEIT

5

Eine Hoch-Zeit im Leben

Die Sonne steht im Zenit und beleuchtet intensiv, was bisher gewachsen ist. Ihre Wärme und ihr Licht sind um die Mittagszeit herum am kraftvollsten. Jahreszeitlich befinden wir uns im Sommer. Alles steht in voller Pracht und viele schmackhafte Früchte können geerntet werden. Die Natur bringt eine Menge Nahrung hervor, dazwischen treiben weitere farbenfrohe und duftende Blüten. Vielfältige Samen haben sich ebenfalls gebildet, bereit, neues Leben sprießen zu lassen. Insekten haben Hochkonjunktur, Bienen und Schmetterlinge bestäuben emsig Blumenmeere und Bäume.

Die 7-Jahres-Zyklen sind in den späteren Lebensphasen nicht mehr so deutlich ersichtlich voneinander abzugrenzen wie in jüngeren Jahren. Du bist erwachsen und befindest dich in der Hoch-Zeit deines Lebens. Irgendeinen Weg hast du beschritten und einen Acker bewirtschaftet. Du erkennst jetzt, was darauf gewachsen ist, was Früchte hervorgebracht hat, was sich noch im Wachstum befindet, was vielleicht noch etwas Pflege benötigt.

Einiges wurde und wird möglicherweise durch äußere Einflüsse wie Unwetter oder Schädlinge zerstört. Du stehst vor der Entscheidung, zu retten, was zu retten ist oder deine Zeit und Energie dem zu widmen, was kräftig gedeiht. Du stellst eventuell fest, dass du dich übernommen und zu viel angebaut hast, als dass du ausreichend Kapazitäten zur Pflege gehabt hättest. Du könntest dich auch für ungeeignete Pflanzen entschieden haben, die einfach nicht gedeihen, obwohl du dich engagiert um sie gekümmert hast. Umgekehrt kann es sein, dass du noch fruchtbaren Boden auf deinem Acker übrig hast, den du hast brachliegen lassen – du warst sehr bescheiden und hast nur ein kleines Stück bewirtschaftet. Vielleicht hast du aber auch genau die goldene Mitte gefunden.

So oder so hast du etwas geschaffen und blickst auf das Ergebnis dessen, stehst mittendrin, entdeckst sicher Dinge, die dich erfreuen und Zufriedenheit auslösen. Dazwischen wird es solche geben, die sich als Ballast erweisen, als Fehlentscheidungen, als von äußeren Einflüssen beeinträchtigt – eben Unschönes, das statt Zufriedenheit dein Missfallen erregt, dich traurig macht, dich enttäuscht oder ratlos dastehen lässt.

Das Leben gleicht einem Fluss, es herrscht kein Stillstand. Auch jetzt sind wieder Entscheidungen zu treffen. In dieser Hoch-Zeit kannst du allerdings auf viel mehr Wissen zurückgreifen als zuvor. Du bist um viele Erfahrungen reicher, emotional gewachsen, hast die unterschiedlichsten Situationen und Erlebnisse durchlaufen.

Diese Sommerzeit deines Lebens ist ideal für Rückblicke. Wie die Mittagssonne beleuchtest du, was bisher gewachsen ist. Du agierst jetzt naturgemäß immer weniger mit der vorherigen jugendlichen Spontaneität und dem frischen Elan, sondern überlegter, verfeinerst deine Ziele, strebst eher Stabilität an als dich zu erproben und noch unsicheren Schritts die Wege zu erkunden. Das Beleuchten des Geschaffenen und Entstandenen geht verstärkt auch mit Selbstreflexion einher.

Der Lebensinhalt, die geschaffene Basis und die Selbstverwirklichung können erneut hinterfragt werden. Zukunftsvisionen können klarer werden, Wünsche, Träume und Ziele können sich verändern, das Verständnis für die eigene Persönlichkeit kann sich neu formen. Die intensiveren Rückblicke in diesem Zyklus des Lebens verschaffen neue Überblicke und werfen ein Licht auf viele Details. Emotional kann es in dir arbeiten, Herausforderungen des Lebens können dich beschäftigen, es kann Spreu vom Weizen zu trennen sein.

Verstärkt geht es auch darum, lohnens- und erstrebenswertes Erreichtes zu erhalten, zu stabilisieren und auszubauen. Anderes mag sich als überflüssig erweisen und es ist zu überlegen, sich davon zu trennen. Wie immer hält das Leben in dieser Phase Überraschungen bereit, mit denen man sich auseinandersetzen muss. Es können schöne, erfüllende Erfahrungen sein, es können niederschmetternde sein, mit denen irgendwie umzugehen ist.

Erinnerungen: Engagement und Niederlagen

Schon mit 16 engagierte ich mich beim Bayerischen Roten Kreuz. In der Ortsgruppe Seehausen gehörte ich der Wasserwacht an. Dort wurde ich zum Jugendwart, später zum Ortsgruppenleiter gewählt und bekleidete verschiedene Positionen im Kreis- und Landesverband. Die Tätigkeit lag mir sehr am Herzen und aus dem Herzen heraus setzte ich mich für die Ortsgruppe ein. Ich übernahm viele Dienste, nahm an diversen Aktivitäten teil, widmete meine Wochenenden den Tätigkeiten und brachte innovative Ideen ein.

Ich erreichte den Bau eines Bootshauses für die Wasserwacht Seehausen, dazu die Anschaffung zweier Motorboote und zahlreicher Gerätschaften, von denen die ehrenamtliche Arbeit aller profitierte. So sehr sich mein Einsatz lohnte, die Ergebnisse zeigten es, so wenig Dank bekam ich dafür. Ich durfte erleben, dass man ähnlich wie in der Politik keine Anerkennung seiner Leistung erhielt. Die viele investierte Zeit und die Früchte dessen schienen für andere wertlos. Mehr noch, es kam sogar zu Anfeindungen.

Das war nur schwer zu verdauen und schmerzhaft. Die Aktivitäten prägten meine Jugend, ich war mit Leidenschaft bei der Sache. Hierbei ging es nicht um Erfolg, schon gar nicht um persönlichen, sondern um einen Einsatz zum Wohle des Bayerischen Roten Kreuzes und des Ortsverbandes. Ich erachtete es als sinnvoll, konnte dieser ehrenamtliche Bereich doch vielen Menschen helfen und Leben retten, wenn er entsprechend ausgestattet und aufgestellt war. Meine Niedergeschlagenheit fand ihren Höhepunkt in Prozessen und einem Gerichtsverfahren, das meinen Ausschluss aus dem Roten Kreuz anstrebte. Es endete zu meinen Gunsten.

Der fade Beigeschmack und die Enttäuschung blieben. Es war eine schwere Lektion, wieder einmal zu erkennen, dass das Leben von Höhen und Tiefen, Erfolgen und Niederlagen, Licht und Schatten geprägt ist. Nach Bergen folgen Täler und dahinter türmen sich neue Berge auf, die wiederum in Täler münden. Im Ergebnis erlebte ich einen Burn-out im ehrenamtlichen Bereich.

„Der Zweck unseres Lebens ist es, glücklich zu sein."

DALAI LAMA

Exkurs: Glück ist individuell

Auch anderweitig erlebte ich Enttäuschungen, bisweilen niederschmetternd und schmerzhaft. Ich erfuhr Ablehnung bis hin zu Hass, weil manche meinten, die Familie Schauer sei reich. Dabei hatte mein Vater lediglich eine kleine Steuerkanzlei. Er beschäftigte einen einzigen Mitarbeiter und das nur, weil er bei der Buchhaltung unterstützen sollte, als meine Mutter mit mir schwanger war. Große Sprünge konnten meine Eltern nicht machen. Doch das Bild in den Köpfen war so vorhanden und führte zu Neid, den ich zu spüren bekam. Man dachte, wir wären etwas Besseres oder würden uns dafür halten; ich wurde mit Missgunst abgestraft.

Ich hatte als Kind und Jugendlicher doch gar nichts mit dem

Beruf meiner Eltern zu tun, reich waren wir nicht, hielten uns auch nicht für etwas Besseres, dennoch musste ich unter der vorgefassten Meinung anderer leiden. Das sind schmerzhafte Erfahrungen, die bis ins Erwachsenenalter prägen.

Ich weiß, dass du Ähnliches erlebst. Dir schlugen Neid und Missgunst entgegen und du musstest und musst irgendwie damit umgehen, mit dieser Ungerechtigkeit. Das kann seelische Narben hinterlassen.

Ungerechtfertigtes abweisendes Verhalten anderer Menschen kommt immer wieder vor, man kann es nicht beeinflussen. Wohl aber kann man lernen, damit umzugehen und darin eine Chance zum eigenen inneren Wachstum sehen. Vergiss nie, dass du jedes Recht der Welt hast, glücklich zu sein. Es geht andere Menschen nichts an. Sie gönnen es dir lediglich nicht, weil sie ihr eigenes Glück vermissen. Dabei liegt es in und an jedem selbst, Glück zu empfinden. Es sollte andere Menschen gar nicht tangieren, wenn du dir etwas leisten kannst, was sie nicht können. Du hast jedes Recht, dich an den Früchten zu laben, die der Beruf deines Vaters hervorbringt, und du hast jedes Recht, eigene anzubauen, ganz nach deinem Geschmack, denn:

Glück ist kein definierter Standard!

Glück ist ein Empfinden, das innerlich erfüllt. Das kann ein schönes Heim sein, das kann das Erleben eines großartigen Urlaubs sein, es kann durch das Betrachten eines Sonnenuntergangs ausgelöst werden. Wer reisen möchte und nicht die finanziellen Mittel für diverse Domizile hat, kann auch mit Rucksack und Zelt die Welt erkunden und dabei ausgelassene Freude erleben. Ein kleines, schnuckeliges Heim kann ebenso Wohlgefühle auslösen wie ein großes, modernes Haus. Jeder muss das Beste aus den verfügbaren Mitteln machen und für sich herausfinden, was echte Glücksgefühle auslöst.

Sicher ist: Ein missgünstiger, innerlich unzufriedener Mensch wird auch mit den größten Luxusgütern nicht glücklicher. Menschliche Unzulänglichkeiten lassen sich mit Geld und allen Reichtümern der Welt nicht wettmachen. Einem Menschen aus sehr einfachen Verhältnissen, der innerlich im Gleichgewicht ist, kann dagegen beim Anblick eines Schmetterlings oder einer schönen Blume das Herz aufgehen. Er erfreut sich am Kinderlachen nebenan und fühlt sich vom Familienurlaub oder dem neuen Auto der Nachbarn gegenüber gar nicht berührt.

Glücksempfinden ist eine innere und persönliche Angelegenheit. Neid und Missgunst zerfressen dagegen innerlich. Menschen, die derart geleitet sind in ihrer Einstellung und in ihrem Verhalten, verdienen eigentlich Mitleid. Wirklich ärgerlich ist dann nur, wenn sie ihre innere Unzufriedenheit und Zerfressenheit auf andere projizieren und ihnen ebenfalls das Leben madig machen möchten. Widerfährt dir Derartiges, versuche, dich abzugrenzen: Konzentriere dich auf dein eigenes Glücksempfinden.

Was ist es, was dich glücklich macht? Was sind deine eigenen, tief empfundenen Träume und Wünsche? Was löst Zufriedenheit in dir aus? Welche Situationen, Erlebnisse oder auch kurze Augenblicke erfüllen dich innerlich?

Habe den Mut, zu dir selbst zu stehen. Erfreue dich an jedem Moment, der dein Leben bereichert, umgib dich mit Menschen, die dir guttun, suche gezielt Situationen, die dich erfreuen.

Fertige doch eine Liste an, einen persönlichen Glückswunschzettel. Es können viele kleine Dinge dort stehen, aber auch größere. Schreibe eine andere Liste mit glücklichen Erlebnissen, die du jemals hattest, von Kindheit an. Eine weitere kann erreichte Ziele beinhalten, auch ganz kleine können darunter sein. Das sind Dinge, die dir ganz allein gehören, die die Schönheit und das Entfaltungsstreben deines Inneren spiegeln. Niemand kann dir je nehmen, was du in dir trägst!

„Wer Glück will, muss erwerben, was ihm kein Schicksalsschlag entreißen kann."

AURELIUS AUGUSTINUS

Du könntest diese Listen in eine kleine Schachtel legen. Hole sie hervor, wenn es dir mal weniger gut geht und labe dich daran, lass dich davon wieder aufbauen und stabilisieren, ergänze sie gelegentlich um weitere Schönheiten deines Lebens. Deine kleine Schatzkiste kann auch verschiedene Utensilien beinhalten, die dir wichtig sind, sei es eine gefundene Muschel, ein Schmuckstück, ein Foto oder irgendetwas, was du mit wertvollen Erinnerungen verbindest. Die kleine Schatzkiste ist ein minimalistischer und symbolischer, aber dennoch Ausdruck deines Herzens – deiner Herzenswünsche und dessen, was dein Herz erfüllt.

Der Ernst des Lebens

Von seinem Seelenheil allein kann ein Mensch ebenso wenig leben wie ausschließlich von Luft und Liebe. Gerade in der Mittagssonne und im Sommer brauchen die Pflanzen verstärkt auch Wasser, um zu gedeihen. Ebenso braucht jeder Mensch Geld und materielle Güter zum Leben. Dem gegenüber steht, dass eine erfüllte Seele sehr wohl glücklich machen kann, Geld und materielle Güter vermögen das nicht auf diese Weise.

Wir wissen beide heute nicht, wo du in dieser Altersspanne im Leben stehst, welchen Weg du eingeschlagen hast. Du könntest ebenso eine erfolgreiche Geschäftsfrau sein wie eine liebende Mutter und Hausfrau. Es spielt auch keine Rolle, denn in irgendeinem Leben stehst du als gestandene erwachsene Dame. Du weißt, das Einkommen muss für die Zukunft weiter gesichert sein. Vielleicht kannst du auf eine kleine Wohlstandsbasis blicken. Dann möchtest du diese vermutlich bewahren, um Sicherheit zu haben und deinen Lebensstandard beizubehalten.

Kurioserweise ist es so, dass eine eingeschränkte oder unzureichende materielle Basis ebenso Sorgen auslösen kann wie eine solide. In dem einen Fall drehen sich die Gedanken ständig darum, wie mit dem verfügbaren Geld zu haushalten ist, um über die Runden zu kommen. Im anderen Fall führt materieller Besitz gelegentlich dazu, ihn festhalten zu wollen, was mit Verlustängsten einhergehen kann. Einige Menschen identifizieren sich außerdem gerne fälschlich über einen materiellen Status. Bisweilen nutzen sie ihn, um etwas darzustellen. Sie setzen auf Schein statt Sein.

Ärmeren Menschen bleibt dagegen kaum eine andere Möglichkeit, als sich auf ihr Sein zu besinnen, denn sie besitzen keine materiellen Reichtümer, mit denen sie sich über Äußerlichkeiten profilieren könnten. Hier sind bewusst zwei Extreme erwähnt und sie stellen keinesfalls eine Wertung des Menschen dar: Unter wohlhabenden Zeitgenossen gibt es ebenso authentische und herzliche Menschen wie unter solchen, die wenig besitzen. Es gibt in jeder Gesellschaftsschicht Menschen, die man lieber meidet, solche, die sich selbst über andere stellen möchten, indem sie diese diffamieren.

Es ist so, dass eine gewisse materielle Basis enorme Sicherheit bietet. Das erstreckt sich auf viele Lebensbereiche wie die Gesundheitsvorsorge und -versorgung, den Lebensunterhalt, Überbrückungsmöglichkeiten in schlechteren Zeiten und nicht zuletzt die Wehrhaftigkeit im Leben: Widerfährt einem Unrecht, ermöglicht es ein finanzielles Polster, jederzeit einen guten Anwalt einzuschalten. Der Ärmere zieht da doch eher den Kürzeren.

Es ist auch einfach toll, sich etwas gönnen zu können. Sei es

Kleidung, die gefällt, sei es ein zuverlässiger fahrbarer Untersatz, sei es ein schönes Heim, sei es ein Urlaub oder einfach mal Essen gehen – das sind Annehmlichkeiten des Lebens, die man gerne wahrnimmt.

Das übertriebene Streben danach oder gar die Identifikation mit Besitztümern birgt allerdings das Risiko, sich selbst völlig zu vernachlässigen. Ein Streben nach immer mehr, höher, schneller, weiter – wo soll es letztendlich hinführen? Materieller Besitz und ein finanzieller Status bewahren außerdem nie vor Schicksalsschlägen, die einem den Boden unter den Füßen wegreißen können. Sie bewahren nicht vor Enttäuschungen, unschönen Erfahrungen und Verletzung. Erfolgsbesessenheit kann dazu führen, sich völlig zu verausgaben. Sie ersetzt keine harmonische Beziehung, keine Familie, keinen menschlichen Zusammenhalt und keine echten Freunde.

Innerer Reichtum ist es, der auf andere Weise segnet, befreit und Flügel wachsen lässt. Er ermöglicht keine finanziellen Sprünge, er bringt kein Essen auf den Teller, er schafft kein Dach über dem Kopf, aber er entstammt dem eigenen Inneren, gibt emotionale Kraft und ist etwas, auf das man sich stets besinnen kann. Er ist das Wasser, das die Pflanzen auf deinem Acker nährt, sie erblühen lässt, das Herz erfreut. Der Boden, den du bewirtschaftest, ist die materielle Basis, in der sie wurzeln können. Es erfordert beides … und dazu noch die Wärme der Sonne, die deine Fürsorge spiegelt – analog: dein Engagement. Dieses Beispiel lässt sich wunderbar auf den Lebensabschnitt in der Hoch-Zeit des Erwachsenenalters übertragen: Eine Balance zwischen allem ist der Idealzustand: eine solide materielle Verwurzelung, ein stabiler emotionaler Selbstwert (Wasser) und das Befolgen der Stimme des Herzens (Fürsorge/Engagement).

Eine solche Balance meint nicht die Quantität, also die Menge der Anteile, sondern das Bewusstsein für die Ausgewogenheit.

Zeit für dich

Einigen Menschen reichst du den kleinen Finger und ehe du dich versiehst, haben sie deinen ganzen Arm. Einige nahestehende Menschen und wahre Freunde ausgenommen folgt selten ein Dank, wenn man etwas für andere getan, ihnen geholfen oder ihnen Beistand geleistet hat. Manche Menschen neigen gar dazu, die Anteilnahme anderer als selbstverständlich einzufordern und sie letztendlich auszunutzen, um nicht zu sagen auszusaugen. Hat man für sie ausgedient, wird man radikal aufs Abstellgleis verbannt.

Nein, so sind nicht alle Menschen, aber es gibt sie und sie agieren mit unlauteren, unmoralischen und eigennützigen Mitteln. Daher wähle weise, wen du an deinem Leben teilhaben lässt und wem du deine Anteilnahme schenkst. Bemerkst du, dass dir ein Mensch nicht guttut oder wohlgesonnen ist, versuche nicht, ihn von deinem Wert zu überzeugen oder zu bekehren, sondern grenze dich ab. Ziehe deine eigenen Grenzen, um dich zu schützen und deine Gunst zu bewahren für dich selbst und jene, die sich ihrer als würdig erweisen.

„Verbringe einige Zeit jeden Tag allein mit Dir selbst."

DALAI LAMA

Achte darauf, immer auch ein wenig Zeit dir selbst zu widmen. Sie dient dazu, Kraft zu tanken, dich um dein Wohlbefinden zu kümmern, Abstand von Belastendem zu gewinnen, innerlich im Gleichgewicht zu bleiben oder es wieder zu finden.

„Das schlimmste ist, wenn man etwas loslassen muss und trotzdem die Hoffnung behält, es irgendwie festhalten zu können."

LEBENSWEISHEIT

6

Im Ozean des Lebens

Eine weite Reise ist es durch die Kindheit, die Jugend, das junge Erwachsenenalter und die Jahre in der Hoch-Zeit des Lebens. Spätestens jetzt, vermutlich aber schon früher stellst du fest, dass es sich mit der Zeit merkwürdig verhält: Sie scheint immer schneller zu vergehen.

Die Sonne hat den Zenit verlassen und strahlt ihre Nachmittagswärme aus, noch angereichert von der kraftvollen Mittagszeit. Was du auf deinem Acker angebaut hast, ist schon oder wird bald erntereif sein. Die sommerliche Hochsaison ist vorüber, doch es gibt Pflanzen, die du auch im Spätsommer noch anbauen kannst. Die Brut- und Setzzeit in der Natur ist ebenfalls vorüber und das Treiben längst nicht mehr so rege wie am Morgen, als noch alles voller Frische in der klaren Luft dem Tag entgegenstrebte und im Frühjahr, als sich alles zu entfalten begann.

Das spiegelt sich im Organismus, dessen Zellen sich noch immer erneuern, aber langsamer als zuvor. Das hinterlässt sichtbare Spuren, die sich besonders an der Haut zeigen. Sie ist nicht mehr so jung, frisch und voller Spannkraft, wie auch das spätsommerliche Treiben nicht mehr so aktiv, munter und unternehmungslustig ist wie das agile Frühjahrsgeschehen.

Der Spätsommer kann dennoch Vieles bereithalten: Er kann wunderbar warm sein, zu Ausflügen einladen und Urlaubsstimmung verbreiten. Er kann von vorzeitigen Herbsterscheinungen geprägt sein und die Bäume anregen, ihr Laub zu verfärben. Die Ernte kann ebenso reichhaltig sein und sich langanhaltend gestalten, wie sie kümmerlich ausfallen und schnell vorüber sein kann.

Wiederum lässt sich das wunderbar auf den Menschen übertragen, der die ungestümere, unüberlegtere Kindheit und Jugend, in der noch alles neu war und reifen musste, hinter sich gelassen hat. Als Erwachsener schlug er eine Bahn im Leben ein, wechselte vielleicht auch mal die Richtung und wandte das bisher Erlernte an. Jetzt wird alles etwas gediegener, wobei jeder Mensch anders damit umgeht und sich die Lebenssituationen unterscheiden. Man kann stolz auf sein Leben blicken oder sich in einer Sackgasse wähnen.

Zumindest hat sich bei den meisten Menschen eine Lebensführung etabliert. Wie auf einem Ozean treiben sie Tag für Tag dahin. Man ist um viele Erfahrungen reicher, um viele Erkenntnisse weiser, vermutlich hat es die eine oder andere Werteverschiebung gegeben.

Eine Bilanzierung

Es wird reflektiert: Wo wollte ich hin, wo stehe ich im Leben? Man hat sich eine wie auch immer geartete Identität aufgebaut und diese etabliert. Man hat irgendeinen Weg zur Existenzsicherung beschritten. Beziehungen sind entstanden und haben überdauert oder sind gescheitert. Eventuelle Kinder sind flügge geworden oder werden es spätestens jetzt. Mit zunehmendem Alter sind Verluste zu beklagen – nahestehende Menschen oder auch entfernte Bekannte versterben, man selbst bleibt zurück.

„Wir sind die Summe unserer Erfahrungen."

PRENTICE MULFORD

Die Sturm- und Drangzeit ist vorüber. Mögen noch Ziele vorhanden sein, ehrgeiziges Streben, Wünsche, die Energie ist nicht mehr dieselbe wie vor Jahren. Das zeichnet sich analog zur verlangsamten Zellerneuerung ab. Man wird langsamer, überlegter, besonnener, vielleicht gelegentlich auch ein wenig müder. Die Antriebskraft lässt auf mehreren Ebenen nach. Noch erneuern sich die Zellen aber – sie tun das ein Leben lang, und so kann auch jeder Mensch sich noch immer erneuern. Man kommt allerdings in ein Alter, in dem immer bewusster wird, dass sich das Leben nicht umkehren und die Zeit nicht zurückdrehen lässt.

„Denn vom Standpunkte der Jugend aus gesehen, ist das Leben eine unendlich lange Zukunft; vom Standpunkte des Alters aus, eine sehr kurze Vergangenheit."

ARTHUR SCHOPENHAUER

Das stimmt nachdenklich und kann Prioritäten verändern. Der Fokus kann sich verstärkt auf die Gesundheit, Selbstfürsorge und das Wohlbefinden richten. Es wird geprüft, was bisher erreicht wurde und es wird abgewogen, ob und inwieweit sich der Lebensinhalt mit den Lebenszielen und Werten in Einklang bringen lässt. Möglicherweise werden Entscheidungen hinterfragt. Nachdenklicher stimmt auch das Zeitempfinden, obwohl es auch in jüngeren Jahren schon bisweilen zu Grübeleien führt.

Die Frage nach dem tieferen Sinn alles bisher Erreichten und dessen, was noch machbar ist, kann sich in den Vordergrund schieben und eine neue Form der Selbstfindung auslösen. Von einem gefühlten zweiten Frühling bis zu einer ausgewachsenen

Midlife-Crisis ist alles möglich. Die Basis dessen bleibt dieselbe: Das Rad der Zeit dreht sich unweigerlich weiter, die Sonne bewegt sich dem Abendhorizont entgegen. Vor diesem Hintergrund werden oft Überzeugungen, Ziele und Lebensinhalte neu bewertet.

Neue Interessen können sich einstellen, über die Jahre verschüttet gegangene Leidenschaften wieder aufflammen. Es kann sich Nachholbedarf regen aus einem Gefühl heraus, im bisherigen Leben etwas versäumt zu haben. Man mag sich auf die Suche nach Neuem begeben, Unternehmungsgeist an den Tag legen und sich wie in einem zweiten Frühling fühlen. Frustration ist ebenso möglich, das Empfinden einer inneren Leere, Verstimmungen, tiefe Sehnsüchte, gespickt von einer Art Hoffnungslosigkeit, da doch schon so viel Lebenszeit vergangen ist. Mehr noch als zuvor kann man sich fragen, ob man die richtigen Entscheidungen getroffen hat oder mit dem Wissen von heute denselben Weg eingeschlagen hätte.

Allerdings wäre man heute kaum derselbe Mensch, würde über denselben Erfahrungsschatz verfügen und hätte dieselbe Fülle von Weisheiten erlangt, wenn man nicht all das Erlebte durchlaufen hätte. Jetzt besteht immer noch die Möglichkeit für Kurskorrekturen. Es ist eine freie Entscheidung, sich ziellos in seinem Boot über den Ozean des Lebens treiben und von den Wellen hin und her werfen zu lassen oder die Segel zu hissen, das Ruder in die Hand zu nehmen und eine bestimmte Richtung anzusteuern.

„In 20 Jahren wirst du die Dinge, die du nicht getan hast, mehr bedauern als deine Taten. Also, mach die Leinen los, verlasse den sicheren Hafen. Fang den Wind in deinen Segeln, erforsche, träume, entdecke."

MARK TWAIN

Die Essenz des Lebens oder: in der Zeitlosigkeit des Seins

Die Antriebskraft ist immer die Sehnsucht nach der Essenz des Lebens. Doch wo siehst du diese? Liegt sie in beruflichen Erfolgen, Reichtum und Macht? Liegt sie in Selbsterfüllung? Liegt sie im Bereisen ferner Länder, um immer wieder Neues kennenzulernen? Findest du sie in der kreativen Malerei oder dem Musizieren? Erfüllt dich ehrenamtliche Arbeit, das Gefühl, etwas für andere tun zu können?

Letztendlich läuft es immer auf eine Bilanzierung hinaus: Die ehemaligen Ziele werden analysiert und abgeglichen mit dem Ist-Zustand, sie werden eventuell hinterfragt, aus all dem werden Rückschlüsse gezogen auf das bisherige Leben und die eigene Entwicklung.

Bei aller Sehnsucht nach der Essenz des Lebens ist wie immer eine gewisse Positivität vorteilhaft: sich empfundene Fehltritte zu verzeihen, ungünstige Entscheidungen nicht zu bereuen, sondern sich im Ganzen wahrhaftig als Summe aller Erfahrungen zu betrachten. Selbstakzeptanz und Selbstliebe sind die besten Motivatoren in dieser Lebensphase des Erwachsenenalters. Das liebevolle Zurückblicken auf die eigene Entwicklung, die Kindheit und Jugend, Herausforderungen und eingeschlagene Wege trägt dazu bei, sich vollständig zu fühlen. Eine gesunde Selbstkritik ist selbstverständlich nie verkehrt – niemand ist perfekt und es gibt immer etwas, was man hätte anders oder besser machen können. Diese darf aber gerne von einem innigen Mitgefühl sich selbst gegenüber geprägt sein, denn die Weisheiten, über die du in dieser Lebensphase verfügst, musstest du dir über Jahre erst aneignen; sie waren keinesfalls in die Wiege gelegt.

Ich glaube, viele der Gedanken und Emotionen, die sich im späteren Erwachsenenalter vermehrt in der Bilanzierung und Bewertung des Lebens einstellen, haben bereits viel früher mehr Aufmerksamkeit verdient. Wird nicht zu oft falschen Werten hinterhergejagt, von Termin zu Termin oder von Uhrzeit zu Uhrzeit durch das Leben gehastet, dem Konsum gehuldigt, Gedanken an Prestige verschwendet, sich für andere oder eine Sache aufgeopfert, sich durch Schicksalsschläge und Rückschläge gekämpft?

Man fragt sich eines Tages zwangsläufig, wo denn die Zeit geblieben ist und was um alles in der Welt man mit ihr angefangen hat. Dieses Thema kann in jedem beliebigen Lebensalter aufkommen, auch wenn es vermutlich im späteren Erwachsenenalter bei den meisten Menschen in den Vordergrund drängt, weil sie plötzlich feststellen, dass mit jeder Zeit, die vorüberzieht, weniger übrig bleibt. Wo ist die Zeitlosigkeit der Kindheit geblieben, als man sich noch ganz selbstversunken einer Sache gewidmet hat? Darin mag das Geheimnis liegen – in diesem selbstvergessenen „Ganz-bei-der-Sache-Sein“ und einer Versunkenheit, fernab von der Uhrzeit, Terminen und Verpflichtungen. Ich würde behaupten, darin liegt die Essenz des Lebens verborgen.

„Der Augenblick ist jenes Zweideutige, darin Zeit und Ewigkeit einander berühren.“

SØREN KIERKEGAARD

Erinnerungen: wenn das Leben die Flügel stutzt

Es gibt Ziele im Leben, Werte werden vertreten, die empfundene Sinnhaftigkeit wird – bisweilen schon zwanghaft – angestrebt. Ganz plötzlich kann sich alles ändern, Halt und Stabilität wegreißen, sich das Gefühl einstellen, man hängt in der Luft und es geht nicht mehr weiter. Einschneidende Erfahrungen und Erlebnisse sind in jedem Lebensalter möglich. Man rechnet nicht damit, sie treffen uns unvorbereitet. Allein deshalb erachte ich es als so wichtig, sich schon früh mit der Essenz des Lebens, mit der Zeit, die unweigerlich verrinnt wie in einer Sanduhr, auseinanderzusetzen. Ich glaube auch, dadurch lässt sich einem „bösen Erwachen" im späteren Erwachsenenalter entgehen. Die berüchtigte Midlife-Crisis muss sich nicht erst einstellen, um Sinnhaftigkeiten zu hinterfragen und seine Werte gegebenenfalls anzupassen.

Einschneidend war für mich der Tod meiner Eltern. Bis dahin war ich von dem Gefühl geprägt, in einer harmonischen Familie aufgewachsen zu sein. Unser Zusammenhalt ließ sich durch nichts erschüttern. Diesen Halt und diese Stabilität wollte ich bewahren und war daher glücklich, nicht weit entfernt von meinem Elternhaus ein Baugrundstück gefunden zu haben. Ich wollte nicht einmal eine räumliche Kluft zulassen, sondern das Zusammengehörigkeitsgefühl über Generationen, wie ich es kennengelernt hatte, erhalten. Mit dem Tod meiner Eltern hat das Leben selbst eine Lücke hineingeschlagen und mir die Augen geöffnet: Sie sind nicht mehr da und ich werde altersgemäß als nächster an der Reihe sein.

Der Tod meines Vaters führte zu meiner schlimmsten Zeit. Mit ihm waren seine Konsequenz und Bescheidenheit, seine Strenge und seine liebevolle Fürsorge, seine Offenheit und Zuverlässigkeit aus dem Leben gerissen.

Seine Konsequenz war wirklich beachtlich: Urlaub gab es nur einmal im Jahr, sein Leben lang trank er wochentags pünktlich morgens um 10 Uhr eine Tasse Kaffee im Markt in Murnau, seine Vorstellungen waren klar und er hat sie strikt umgesetzt. Er hat stets offen gesagt, was er dachte. Das hat zu Respekt bei seinen Freunden geführt und einen besonders zuverlässigen Zeitgenossen aus ihm gemacht. Die Klarheit in seiner Erziehung hat mich mit zu dem geformt, was ich bin. Sie hat insgesamt einen stabilen Rahmen geschaffen, in dem ich noch im Erwachsenenalter Halt fand.

Er war auch ein treuer Freund für mich. Bei aller Strenge und Konsequenz, die er an den Tag gelegt hatte, haben wir bis zuletzt vertrauliche Vater-Sohn-Gespräche geführt, auch morgens im Büro. Seine Klarheit, Strukturiertheit und Konsequenz, die so zuverlässig waren, schwanden irgendwie mit seinem Tod aus meinem Leben. Ich fiel in ein tiefes Loch und habe lange gebraucht, um wieder heraus zu finden. Wochenlang saß ich nur am Schreibtisch, habe Unterlagen von einer Seite auf die andere und wieder zurückgeschoben. Ich konnte dem Unternehmen nicht mehr die erforderliche Kraft zur Verfügung stellen, konnte ich doch nicht einmal für mich selbst genug aufwenden, und auch die Familie, die mir doch so viel bedeutete, litt darunter.

Eigentlich hätte ich therapeutische Unterstützung gebraucht. Aber mit der Zeit besserte sich mein Zustand irgendwie auch so wieder. Mein Absturz durch den Verlust hat sich in eine liebevolle Erinnerung gewandelt. Mein Vater und alles, was er mir gegeben hat, lebt in meinem Herzen weiter. Regelmäßig zieht es mich heute zu seinem Grab, um ihm für alles zu danken.

Fünf Jahre nach seinem Tod verstarb meine Mutter nach schwerer Krankheit und missglückter Operation. Sie schlief schließlich friedlich zu Hause auf der Couch ein. Sie war eine sorgsame, fürsorgliche Frau, die in ihrer Rolle in der Familie völlig aufging. Als ihr einziger Sohn war ich der Mittelpunkt ihres Lebens. Sie lebte die klassische Rollenverteilung inbrünstig und mit dem Tod meines Vaters wurde auch ihr etwas genommen, diese Stabilität und Zuverlässigkeit im Leben, die sie kannte und innerhalb derer sie ihre Rolle voll und ganz ausfüllte. Sie verkörperte die Herzensgüte, war immer für mich da und bat Gott bei jeder Prüfung um Beistand, damit ich sie gut bestehen würde.

Es dauerte lange, bis ich mich aus diesem Sumpf befreit hatte, in den mich die Verluste katapultiert hatten. Mit dem neu erwachenden Lebensfunken entdeckte ich meine große Leidenschaft, das Segeln. Ich machte sämtliche Scheine, die zum Besegeln der großen Weltmeere notwendig sind. Inzwischen ist es für mich das Höchstmaß an Freiheit, über das offene Meer zu segeln – und diese Zeit, dieses Erlebnis ist zu meinem größten Lehrmeister geworden.

Annehmen, was das Leben gibt

„Das Leben besteht nicht daraus, gute Karten zu haben, sondern mit denen, die du hast, gut zu spielen."

JOSH BILLINGS

Es kann jedem zu jeder Zeit passieren, dass einem derart der Boden unter den Füßen weggerissen wird. Hatte ich doch selbst hohe Anforderungen, mir, aber auch dir gegenüber, liebe Julia, war ich auf einmal nicht mehr in der Lage, meinen eigenen Lebensinhalt zu erfüllen. Ich habe kein Patentrezept, wie man sich in einer solchen Situation wieder aufraffen kann. Mag der Verstand noch so dazu auffordern, erklären, dass es so nicht weitergeht, dass man selbst nicht mitten im Leben einfach aufhören kann zu leben und alles und jeden vernachlässigen einschließlich sich selbst: Eine innere Lähmung, Leere, Haltlosigkeit hatten die Regie übernommen.

Es bleibt nur, etwas zu finden, was einen wieder ausfüllt. Das funktioniert nur durch die Annahme dessen, was das Leben für einen bereithält. Es ist ohnehin unveränderlich, ganz besonders der Tod ist unausweichlich. Am Ende des Lebens erwartet er jeden.

„Nicht dem Leben mehr Jahre, sondern den Jahren mehr Leben geben."

MARTIN BUBER

Das kann verzweifeln lassen. Wozu dann überhaupt noch Zeit dem Leben widmen, wenn es ohnehin unweigerlich endet? Es ist so vergänglich, wie jeder Tag mit dem Sonnenuntergang in die Nacht übergeht und jedes Jahr der Frühling dem Sommer, der Sommer dem Herbst und der Herbst dem Winter weicht.

Mit dieser Warum-Frage und der damit verbundenen Suche nach dem Sinn des Lebens, seiner Essenz, beschäftigen sich weise Menschen und Philosophen aller Kulturen seit Ewigkeiten. Ebenso beschäftigt die Frage, was danach folgt. Gibt es Wiedergeburt, wie auch die Sonne am nächsten Morgen wieder aufgeht? Begegnet man geliebten Menschen wieder? Als Tatsache möchte ich bezeichnen, dass jedes Leben Spuren hinterlässt: Meine Eltern sind in meinem Herzen verblieben und auch in meiner Person, die ich ohne ihren Einfluss nicht wäre. Sie bestehen mit allem, was sie mir gegeben haben, in mir fort.

Die Erkenntnis der Vergänglichkeit kann wahrlich ängstigen. Das Leben erfordert daher Mut. Es wartet mit seinen eigenen Gesetzmäßigkeiten und Kräften auf, die wir selbst als leuchtende Sterne in unserem Sein nicht ändern können. Wir haben unsere Wege zu gehen wie die Sonne durch den Tag, wie die Sterne am Himmel ihre Bahnen ziehen. Geben wir uns ihm hin, dem Leben, diesem großen Ozean, und lernen wir, auf ihm zu segeln, Eins zu werden mit den Winden und Wellen, Augenblick für Augenblick, ganz im Sein versunken und von ihm erfüllt..

„Monde und Jahre vergehen, aber ein schöner Moment leuchtet das ganze Leben hindurch."

FRANZ GRILLPARZER

Die Lebensphase des späten Erwachsenenalters ist charakteristischerweise geprägt von dieser neuen, tieferen Sinnsuche, doch sie beschränkt sich keineswegs darauf. Achtsamkeit und Bewusstheit bei allem Denken, Fühlen und Handeln sind immer eine Bereicherung, zudem haben sie eine erstaunliche Auswirkung auf das Zeiterleben.

Für Kinder ist die Selbstversunkenheit in ihrem Tun noch Normalität: Behalten wir uns dieses Talent bei und lassen es nicht verschüttgehen im Alltag und dem, was die Jahre für uns bereithalten!

„Verschwende deine Energie nicht durch Angst. Nutze deine Energie, um zu glauben, zu lernen, zu schaffen und zu wachsen."

LEBENSWEISHEIT

7

Zeitquantität im Licht der Zeitqualität

Das Alter – einige fürchten es. Vieles lässt sich damit verbinden. Es gibt die Vorstellung vom weisen alten Menschen, der eine gewisse Würde ausstrahlt und mit sich im Frieden ist. Es gibt die unzufriedene „alte Vettel", die griesgrämig am Fenster lauert, um die Nachbarn zu beobachten und hintenrum bösen Tratsch zu verbreiten. Es gibt den verbitterten älteren Herrn, der andere Menschen maßregelt und frechen Kindern mit seinem Stock droht. Es gibt jene, die anscheinend nur in ihren Erinnerungen versunken sind und gar nicht mehr richtig anwesend wirken. Es gibt rüstige Rentner und solche, die sich gebrechlich durch den Tag kämpfen. Sie alle verkörpern auf irgendeine Weise die Ergebnisse ihres Lebens.

Neben der persönlichen Komponente gibt es eine soziale: Das Alter hat in unserer Gesellschaft nicht unbedingt einen hohen Stellenwert. Eigentlich sollte es doch die Phase sein, in der sich der Mensch verdienterweise zufrieden zurücklehnen und sich nach Belieben schönen Dingen widmen kann.

In der Praxis werden ältere Menschen nicht selten abgeschoben. Man hat weder Zeit noch Interesse, sich um sie zu kümmern. Der Zusammenhalt, wie ich ihn kennen- und schätzen gelernt habe, scheint aus vielen Köpfen verbannt; das eigene Ego und der eigene Vorteil sind neben Bequemlichkeit wichtiger. Altenheime und Pflegeheime ersetzen die Verantwortung gegenüber jenen, die ihre Kinder großgezogen, sie ernährt und umsorgt haben, ihre Arbeitskraft zur Verfügung gestellt und ihren Rentenbeitrag geleistet haben. Viele Omas und Opas sind danach noch für die eigenen Kinder und die Enkel da. Doch ab einem gewissen Zeitpunkt werden sie zur Last, für die man keine Kapazitäten aufwenden möchte.

Gesundheitliche Zipperlein mehren sich naturgemäß im Alter. Es geht alles nicht mehr so einfach von der Hand. Die einstigen Lebensaufgaben und -inhalte gehören der Vergangenheit an. Das kann zu Vereinsamung führen und dank fehlender Motivation, Unterstützung und Akzeptanz durch die Außenwelt fällt es umso schwerer, sich aufzuraffen, zumal es doch einigen Menschen im Alter an finanziellen Mitteln mangelt oder die vorhandenen nun weniger wert sind als angenommen.

Gedanken an diese Lebensphase sind oft mit einem mulmigen Gefühl verbunden. Es können sich Befürchtungen und Ängste einstellen, auf Hilfe angewiesen zu sein. Bedenken, dass Krankheiten oder körperliche Gebrechen einem zusetzen, sind ebenso vorhanden wie daran, dass das Gehirn vielleicht nicht mehr im gewohnten Umfang funktioniert. Das kann ängstigen. In jungen Jahren ist das alles noch in weiter Ferne und weniger relevant. Mit den Jahren aber rückt die Lebensphase immer näher und kann ins Grübeln bringen.

Es ist fatal, sich mit derartigen Zukunftsgedanken und -ängsten zu plagen und zu belasten. Dadurch rückt die Gegenwart in den Hintergrund und die ist es, die das Leben ausmacht – das Hier und Jetzt: Eine Belastung mit Zukunftsängsten bedeutet ebenso wie das Verhaftet-Sein in der Vergangenheit, gar nicht mehr richtig zu leben. Sind es nicht gerade die lebenswerten Momente und Situationen, von denen wir auch in schwierigeren Zeiten noch zehren können, weil sie sicher geborgen in unseren Herzen liegen? Es sind jene Momente, in denen wir die Essenz des Seins spüren.

Es ist Vertrauen in das Leben angesagt und in das Selbst: Auch wenn nicht immer alles einfach ist, geht es irgendwie weiter. Was nötig ist, ist der Mut, sich Widrigkeiten zu stellen, Mut, einen Weg des Umgangs mit ihnen zu finden, oftmals auch, die eigenen Werte und die Sicht der Dinge neu auszurichten.

„Du kannst die Wellen nicht stoppen, aber du kannst lernen zu segeln."

JON KABAT-ZINN

Der Weg zum Glücklichsein

Ein glückliches Leben im Alter genießen zu können beginnt wesentlich früher. Vor allem bedeutet es zu lernen, das Leben überhaupt lebenswert zu gestalten und zu empfinden. Das spricht keineswegs gegen eine kritische Auseinandersetzung mit dem, was mit dem Älterwerden auf einen zukommen mag. An eine solide Vorsorge will ebenfalls gedacht sein. Darin unterscheidet sich das späte Erwachsenenalter nicht von vorherigen Lebensphasen: Eine materielle Basis verschafft Freiheiten und Sicherheit. Sie allein macht nicht glücklich – Glücksempfinden ist eine innere Angelegenheit. Aber sie verschafft einen gewissen Freiraum.

Vergleiche es mit deinen Bemühungen, den Acker des Lebens zu bewirtschaften. Es kommt die Zeit, in der du dich an deiner Ernte erfreuen kannst. In der Natur kehrt immer mehr Ruhe ein, das rege Treiben zieht sich zurück, wohlgenährt vom Sommer, um sich zu erholen. Zuvor wurden noch fruchtbare Samen verteilt, damit alles schon bald wieder sprießen kann. Nun hast du genug zum Leben und kannst es genießen. Alternativ denke an den Lauf der Sonne. Nach einem vollbrachten Tag kannst du den Sonnenuntergang in all seiner himmlischen Farbenpracht bestaunen und den Abend entspannt und zufrieden ausklingen lassen.

Im Idealfall ist das späte Erwachsenenalter folglich eine Gelegenheit, dich von den Mühen des Lebens zu erholen und dich ohne Druck und Zwang an den süßen Früchten deiner Ernte zu laben. Viele Verpflichtungen des Alltags entfallen, du hast mehr Raum für dich und all die Dinge, die du gerne tust. Was genau das ist, dazu hattest du viele Jahre Zeit, es herauszufinden. Das Mehr an Zeit und das Weniger an Verpflichtungen erlauben es außerdem, nochmals ganz neue Dinge zu entdecken oder auszuprobieren. Bewahre dir daher einen offenen Geist und ein wenig der kindlichen Neugier, die du nun, gespickt mit den Weisheiten des Lebens, wieder ausleben kannst.

„Es ist nicht wichtig, was Du betrachtest, sondern was Du siehst."

HENRY DAVID THOREAU

Das sagt sich in der Theorie natürlich ganz einfach. Noch weiß ich selbst nicht aus der Praxis, wie es wirklich ist. Allemal ist es aber erstrebenswert, sich damit zu befassen und einen Idealzustand für sich zu definieren, um auf diesen hinzuleben. Wie es gesundheitlich aussieht, was der Körper noch zu leisten vermag, das weiß ich ebenfalls nicht. Wiederum gilt jedoch: Es ist anzunehmen, wie es ist und das Beste daraus zu machen. Letztendlich ist es eine Sicht der Dinge, eine Einstellung dem Leben und sich selbst gegenüber, auch eventuellen Schwierigkeiten zum Trotz Glück und Freude zu empfinden. Sich solche Momente zu schaffen, das kann gelernt werden, indem das Bewusstsein in die entsprechende Richtung gelenkt wird. Achtsamkeit ist ein wichtiger Schlüssel dazu.

Blick auf das Wesentliche

Was ist eigentlich das Wesentliche? Um das festzustellen, ist Achtsamkeit erforderlich. Achtsamkeit bezeichnet die unmittelbare Wahrnehmung, ohne über diese nachzudenken, aber auch eine Form von Bewusstheit. Versuche einmal alles, was du tust, ganz bewusst zu tun, indem du ganz bei der Sache bist. Das kann das Essen sein, was meist ganz beiläufig stattfindet. Schließlich essen wir so oft, dass es zur Routine und zum Automatismus geworden ist. Du führst es bewusst zum Mund, kaust ganz bewusst, achtest auf die Konsistenz und den Geschmack und schluckst anschließend ebenfalls ganz bewusst, Bissen für Bissen. Nichts soll dich dabei ablenken, auch nicht deine Gedanken. Bemerkst du, dass sie abschweifen, lenkst du den Fokus einfach direkt wieder zurück zum Essen. Versuche dasselbe ein anderes Mal beim Laufen, bei jedem Bewegungsablauf, Schritt für Schritt, und ein nächstes Mal beim Atmen, indem du bewusst ein und ausatmest und beobachtest, wahrnimmst, wie die frische Luft deine Lungen und den Organismus erfüllt und die verbrauchte wieder ausgestoßen wird.

Was auch immer du tust, bietet sich an, es besonders achtsam zu tun. Du beschäftigst dich unterdessen mit nichts anderem. Nimm all deine Sinneseindrücke, deine Gefühle und deine Gedanken zu der Sache wahr, ohne sie zu bewerten, und lasse sie nicht zu etwas anderem abschweifen. Mit ein bisschen Übung führt das nach einiger Zeit zu einem intensiven Erleben des Augenblicks, der nicht etwa einen Bruchteil von Sekunden bezeichnet, sondern eine kleine Form von Zeitlosigkeit darstellt.

Was besonders relevant ist: Du bist währenddessen ganz bei dir selbst. Unwesentlich ist dabei alles, worauf sich deine Achtsamkeit gerade nicht richtet. Das Wesentliche ist also das, auf dem der Fokus liegt – aber noch nicht ganz: Das eigentlich Wesentliche erschließt sich nur dir – was dir deine Sinne aus dir heraus zuflüstern.

Geh auch achtsam durch die Welt und den Tag. Was gibt es am Wegesrand alles zu sehen? Du kannst Details bemerken, die dir ansonsten, beim unachtsamen Vorüberlaufen, mit den Gedanken völlig woanders, entgangen wären. Auf einmal bemerkst du vielleicht den Geruch der Luft, wie sie sich auf der Haut anfühlt, wie dein Körper darauf reagiert. Ein glitzernder Tautropfen kann deine Blicke auf sich lenken, eine Blüte mit filigranen Strukturen wie du sie noch nie bemerkt hast, die feine Maserung eines Blattes und mehr.

Seien wir ehrlich zu uns: Überwiegend befinden wir uns in einem Routinemodus und nehmen gar nicht wirklich wahr, was in uns und um uns herum los ist. In Gedanken sind wir beim Ziel unseres Weges, bei einer Herausforderung des Tages, grübeln über ein Problem, überlegen, was wir später essen, was wir vielleicht kaufen möchten, ärgern uns über irgendeinen Menschen, denken an das noch zu besorgende Geburtstagsgeschenk für einen anderen Menschen. Oft verselbstständigen sich die Gedanken und wir können nicht einmal genau sagen, was uns alles durch den Kopf ging, geschweige denn hätten wir auf unsere Emotionen dabei geachtet. Alternativ grübeln wir allzu häufig über etwas.

Wir sind also irgendwo mit dem Kopf, nur nicht bei dem, was wir gerade tun. Die Gefühle melden sich auch ab und zu ungefragt und bringen uns nebenbei noch in Aufruhr. Wir sind mehr mit der Vergangenheit oder Zukunft beschäftigt und dort bei etwas verhaftet, weniger mit dem Bewusstsein im Hier und Jetzt. Das Hier und Jetzt ist es jedoch, in dem stets das Wesentliche liegt. Es birgt den Zugang zu dieser ominösen Essenz des Lebens.

Je eher und intensiver wir uns damit auseinandersetzen, umso besser gelingt es uns auch im Alter, nicht in der Vergangenheit festzuhängen und uns nicht furchtsam mit dem unweigerlich näher rückenden Ende des Lebens zu zermürben – wollen wir doch die wohlverdienten Früchte dessen genießen! Ein Leben lang tut es uns im Übrigen gut, nicht ständig etwas hinterher zu hetzen, auf Leistung fixiert zu sein, den Fokus von Verpflichtung zu Verpflichtung springen zu lassen.

Erkenntnisse: zurück zum Mensch-Sein

Hatte mich der Tod meines Vaters völlig aus der Bahn geworfen, stürzte ich mich nach dem Tod meiner Mutter, als ich mich vermeintlich wieder gefangen hatte, in meine Arbeit. „Gefangen hatte" – das drückt sehr gut aus, was tatsächlich passierte.

Durch übermäßige Arbeit habe ich schließlich mehr und mehr meine Gesundheit ruiniert. Die Quittung dafür bekam ich und zahle die Rechnung noch heute ab: Bluthochdruck, Diabetes und weitere Leiden waren der gesundheitliche Erfolg, zahlreiche Medikamente nehme ich nun deshalb ein. Ich war so gefangen in meinem Fokus auf die Arbeit, dass ich keine Aufmerksamkeit für mich selbst mehr übrig hatte. Sich anbahnende gesundheitliche Probleme habe ich daher ebenso übergangen wie meine inneren Bedürfnisse. Dafür erntete ich gleich mehrere chronische Erkrankungen. Dieses In-die-Arbeit-stürzen war vermutlich eine Art Kompensation anstelle der Auseinandersetzung damit, was in mir vorging, wie sehr mich die Verluste belasteten und was im Leben wirklich wichtig ist. Darin fand ich den noch verbliebenen Lebenssinn.

Kann es denn der Sinn des Lebens sein, sich eigenverantwortlich die Gesundheit zu ruinieren? Immerhin hat das zu Erkenntnissen geführt, mich diese Absurdität erkennen lassen. Menschen arbeiten um sich – auch überflüssigen – Konsum leisten und An-

erkennung vor sich selbst oder von anderen ernten zu können. Sie opfern ihre Gesundheit, um Geld zu verdienen. Anschließend wird das verdiente Geld ausgegeben, um sich gesundheitlich über Wasser zu halten oder die Gesundheit wieder herzustellen. In einer Orientierungslosigkeit und in Anbetracht des gesundheitlich nicht mehr so prickelnden Zustandes stellen sich vermehrt Zukunftsgrübeleien und -ängste ein. Darum kreisen die Gedanken neben der Arbeit und dem Geldverdienen, das jetzt für die Gesundheit investiert wird, die man sich durch eben diese Arbeit und die Einstellung dazu erst ruiniert hat. Das Leben gleicht so eher dem funktionellen Zweck einer Maschine statt eines Menschen.

In der Folge bleibt die Gegenwart, das eigentliche Leben vollkommen auf der Strecke. Die Zukunft wird ebenfalls vermasselt, denn sie wurzelt in der verlorenen Gegenwart. Der Dalai Lama drückt es so aus:

„So lebt er weder die Zukunft noch die Gegenwart. Er lebt so, als würde er niemals sterben und stirbt so, als hätte er nie gelebt."

DALAI LAMA

Ich musste erkennen, dass der wahre Reichtum nicht im Geld liegt und auch nicht darin, sein Leben für die Arbeit aufzuopfern. Geld ist Mittel zum Zweck und es ist sehr beruhigend, davon genug zu haben. Der wahre Reichtum aber schlummert im Menschen.

Vielleicht läuft nicht immer alles so, wie wir uns das vorstellen. Vielleicht finden wir uns in Situationen wieder, auf die wir gut verzichten könnten. Vielleicht ist nicht immer alles eitel Sonnenschein. Daran können wir nichts ändern, aber:

„Glück ist immer eine Akzeptanz dessen, was ist. Sag Ja zum Leben!"

DIETER LANGE

Eine lebensbejahende Einstellung ist der Schlüssel zum Glücklichsein. Wir müssen vieles annehmen, was das Leben uns beschert. Wir können jedoch auf uns achtgeben. Wir können versuchen, uns auf den wahren Reichtum zu besinnen, den wir in uns tragen. Er wurde uns in die Wiege gelegt!

Das ist erst recht wichtig, wenn auch schwierig, wenn wir uns in Situationen wiederfinden, die uns aus der Bahn zu werfen drohen oder uns tatsächlich den Boden unter den Füßen wegreißen. Phasen der Orientierungslosigkeit erlebt jeder Mensch im Leben. Denke immer daran: Sie bieten die Chance zur Neuorientierung. Es mag sogar richtig und wertvoll sein, wenn das Leben einen auf Irrwegen stoppt, denn andernfalls droht eine Fehlorientierung tatsächlich, das Leben zu ruinieren.

Der Wert des Lebens liegt in der Zeitqualität, nicht in der Zeitquantität, die ohnehin verrinnt. Die Zeitqualität ist erlebbar, wenn die Achtsamkeit im Hier und Jetzt liegt und sich nicht auf Belanglosigkeiten, Unveränderlichkeiten, Vergangenes, Zukünftiges, falsche Ideale im Außen und eben die Zeitquantität fokussiert. In gelebter Zeitqualität liegt stets auch eine empfundene Ewigkeit verborgen.

Fixpunkt in unendlicher Weite

Stelle dir das Leben erneut vor wie auf einem Ozean. Um dich herum ist nichts als endlose Weite. Dort hältst du vergeblich nach Fixpunkten Ausschau, an denen du dich orientieren könntest. Dort siehst du nichts Wesentliches, auf das du deinen Fokus lenken könntest. Du bist dein einziger und eigentlicher Fixpunkt und das Wesentliche, auf das sich deine Achtsamkeit lenken kann. Mögen am Horizont auch gelegentlich Landstriche auftauchen, mögen hin und wieder Schiffe in der Ferne zu sehen sein: Derartiges taucht auf und schwindet wieder. Du aber bleibst.

Auch die Tarotkarte 9, Der Eremit, drückt das Wesentliche aus. Der weise alte Mann hat einen Berg erklommen und beleuchtet mit seinem Licht von oben alles Darunterliegende, was seine Vergangenheit symbolisiert. Er hat einen weiten Überblick, beleuchtet die gesamte durchlebte Zeitquantität. Er selbst befindet sich in der Zeitqualität im Hier und Jetzt und nur deshalb hat er das durch eine Laterne veranschaulichte Licht bei sich, das er selbst ausstrahlt. Er ruht in sich selbst, ist mit sich allein und im Reinen. Ebenso verhält es sich unterwegs im Leben auf dem weiten Ozean, wo du selbst dein einziger Fixpunkt bist.

Alle Punkte im Außen sind Zeichen der Zeitquantität. Du selbst bist in deiner eigenen Zeitqualität, du selbst bist das Leben, die Essenz, das Wesentliche. Möglicherweise hast du noch jemanden mit an Bord oder in begleitenden Booten – deine Familie vielleicht; auf jeden Fall kann es nur etwas essenziell Wichtiges sein in deinem Leben. Es ist bei dir im Jetzt und befindet sich deshalb nicht in der vorüberziehenden Zeitquantität mit ihren Fixpunkten, sondern berührt deine Zeitqualität.

Das ist ein wunderbares Szenario, um darüber zu philosophieren, zu meditieren oder auch zu fantasieren. Es ist außerdem ein

ideales Beispiel, das die Orientierungslosigkeit veranschaulicht, in der wir uns bisweilen wiederfinden, wenn uns Fixpunkte im Außen genommen werden oder sich als falsche, irreführende (lebensfeindliche und gesundheitsschädigende) Leitpunkte erweisen, denen wir zu viel Aufmerksamkeit geschenkt haben.

Ich wünsche mir von Herzen, dass du dich nicht eines Tages auf ähnlichen Irrwegen wiederfindest wie ich. Heute weiß ich:

„Es ist nicht zu wenig Zeit die wir haben – sondern es ist zuviel Zeit, die wir nicht nutzen."

LUCIUS ANNAEUS SENECA

Die Zeitquantität verrinnt unaufhörlich. Nutze daher jede Sekunde im Leben, um mit der verbrachten Zeit zufrieden zu sein. Lebe die Zeitqualität. Versuche es!

Es hat gewiss nichts mit Askese zu tun und auch nichts mit falscher Bescheidenheit, sich auf das Wesentliche zu besinnen. Die Betonung liegt auf dem Besinnen, das um deiner selbst Willen nicht vernachlässigt werden sollte, das berühmte Gleichgewicht, dem Stellenwert, der den verschiedenen Bereichen des Lebens und sich selbst zugemessen wird.

„Die schönsten Momente sind doch die,
in denen man sich dazu entscheidet,
das Leben einfach zu genießen."

LEBENSWEISHEIT

8

Am Sonnenuntergang erkennst du die Geschwindigkeit des Lebens

Der Sonnenuntergang zeigt uns, dass alles vergänglich ist. Er kündigt das Ende des Tages an. In einer ruhigen Minute der Besinnung fragt man sich, was man aus diesem Tag gemacht hat, was ihn lebenswert gemacht hat, was man aus ihm mitnimmt. Das lässt sich auf das gesamte Leben übertragen. Immer wieder kann man sich die Fragen stellen, ob und wie man es wirklich gelebt hat.

Der Anblick des Sonnenuntergangs in den prächtigsten Farben verzaubert die Zeit, die von dannen weicht. Man ist frei und gerät schnell in tiefe Versenkung. Es ist ein meditativer Zustand, wie ich ihn so oft beim Segeln erlebe, überall auf der Welt ist es dasselbe: Die Sonne sinkt dem Horizont entgegen und zeigt damit, ein Paradoxon, in diesem zeitlosen Moment den Lauf der Zeit an. Sie zeigt die Geschwindigkeit des Tages auf und weist auf die Geschwindigkeit des Lebens hin.

Es ist unendlich erfüllend, bereichernd und wertvoll. Es ist ein Gefühl von Grenzenlosigkeit und Freiheit, begleitet von sich regender Wehmut in Anbetracht der Vergänglichkeit, was wie ein weiteres Paradoxon scheint. Zeitlosigkeit und Vergänglichkeit treffen sich in diesem Augenblick.

Der Sonnenuntergang veranschaulicht, dass jeder nicht erfüllte Moment, jeder nicht intensiv gelebte Augenblick unwiderruflich vorüberzieht. Dabei steckt das Leben voller Wunder. Häufig werden sie von Ballast überlagert, die Auseinandersetzung mit Schwierigkeiten übernimmt die Regie, die Aufmerksamkeit ist derart eingenommen, dass die Sinne verschlossen bleiben für all diese Wunder, die uns den größten Reichtum vermitteln, wenn wir sie nur wahrnehmen und bewusst erleben würden. So viel Reichtum steckt auch in uns selbst! Erinnere dich, was ich in der

Einleitung schrieb: Wir tragen unser eigenes Licht in uns gleich den Sternen am Himmel und der Sonne, die täglich ihre Bahnen zieht. Wir müssen ihm nur erlauben zu leuchten, statt von all den Belanglosigkeiten drumherum überlagert zu werden.

Dazu möchte ich dir noch etwas erzählen. Möge es dich begleiten und in schwierigen Momenten oder Situationen auffangen, dir zu neuer Orientierung verhelfen, wenn du mal nicht weiterweißt, dazu beitragen, das Leben lebenswert zu gestalten und den Wert der Zeitqualität zu schätzen, der dir so unglaublich viel Kraft geben kann.

Der Wert der Freiheit

Ich bin ein freiheitsliebender Mensch, der sich nicht einschränken lassen möchte. Ich fühle mich gerne wie ein frei fliegender Vogel in der Luft, vielleicht wie ein Adler, der Aufwinde nutzt, um sich hoch hinauf zu schrauben, der sich vom Wind tragen lässt und seine kräftigen Flügel zugleich einzusetzen weiß, um allen Winden zum Trotz seine eigene Richtung einzuschlagen. Vermutlich habe ich deshalb meine Leidenschaft und Erfüllung im Segeln gefunden.

Wind, Wasser und die Elemente begleiten mich. Ich bin ihren Kräften gleichermaßen unterworfen, wie ich sie nutzen kann. Um mich herum ist die schiere Weite des Meeres. Eine Hand befindet sich am Ruder, der Blick richtet sich gen Horizont. Plötzlich kommt Wind von Südwest auf und treibt das Boot an. Ich hole die Großschot dicht, das Segel wird bauchig durch den starken Wind, die Wellen gewinnen an Kraft und schlagen gegen den Bug. Das Abenteuer hat begonnen.

Ich bin im Bann der blauen, nun aufgewühlten Grenzenlosigkeit um mich herum, während der Bug des Bootes von den wild rauschenden und schlagenden Wellen vor sich hergeschoben wird, hinauf und hinab geht es. Ich bin ganz im Dialog zwischen meiner eigenen Kraft und der Wucht des Meeres. Um mich herum walten die Elemente in ihrer Urtümlichkeit. Ich spüre eine grenzenlose Freiheit, in der keine Normen oder Konventionen existieren, befinde mich außerhalb der Zeit. Was zählt, ist nur mein angestrebter Kurs. Ich muss die Elemente spüren und meine eigenen Fähigkeiten, meine Kräfte und mein Geschick einsetzen.

Ganz im Augenblick befindlich sitze ich wachsam am Steuerrad, erlebe, wie Strömung und Geschwindigkeit ineinandergreifen. Ich bin von einem feinfühligen Gespür erfüllt, um meine Kraft mit den elementaren Naturkräften abzustimmen, sie in Einklang zu bringen, ohne von ihnen beherrscht und willkürlich umhergeworfen zu werden. Gleichzeitig weiß ich, dass ich diese Urgewalten des Meeres wie auch die des Lebens nicht völlig beherrschen kann. Ich kann nur auf jede feine Regung reagieren, so dass ich auf eine Weise im Einklang mit ihnen agiere, ohne die Kontrolle über das Boot zu verlieren. Ich gehe ganz in meiner Achtsamkeit auf. Der Tod begleitet mich.

Die Ursprünglichkeit des Meeres und seiner Kräfte, seine Eigentümlichkeiten und variablen Gesichter beschäftigten seit jeher auch Philosophen. Es ist so ambivalent. Mal zeigt es sich spiegelglatt und traumhaft idyllisch, lädt zum Hineinspringen und ausgelassenen Herumplanschen ein, dann wieder tobt es aufgewühlt und tödlich. Es vermittelt Freiheit und Glück, kann aber auch unerbittlich verschlingen. Diese Unberechenbarkeit verdeutlicht den Wert der Freiheit und des Glücks auf einzigartige Weise und mehr noch: Das Meer lässt mich diesen Wert spüren und immer wieder aufs Neue erleben.

Liegt darin nicht ein Symbol für das Leben und viele Lebensbereiche? Platon führte bereits aus, dass ein Staatsmann ein guter Steuermann sein sollte: In jedem Auf und Ab der Geschehnisse

trägt er die Verantwortung für ein Schiff voller Menschenleben. So verhält es sich auch mit jedem einzelnen Menschen. Er befindet sich im Meer des Lebens, das mal friedlich und idyllisch Glücksgefühle auslöst und einen dann wieder unvorbereitet herumwirbelt. Jeder Mensch muss mit seinem Boot durch die Gewässer seines Lebens steuern, sich mit den urtümlichen Kräften des Lebens arrangieren, sie bis zu einem gewissen Grad beherrschen, um seinen Kurs nicht zu verlieren oder gar unterzugehen. Hegel beschrieb das Philosophieren an sich als ein „sich ins Denken werfen wie in einen uferlosen Ocean", in dem alle Fixpunkte verschwinden und nur der innere Stern des Geistes leuchtet. Analog ist es mit dem Selbst des Menschen, seinem inneren leuchtenden Wesen, das in den Wirren des Lebens, auf diesem weiten Ozean das einzige Leitlicht ist.

Der Weg zum Selbst im Sonnenuntergang

Segeln ist eine meditative Angelegenheit, die dem Selbst näherbringt. Am intensivsten habe ich es auf meinen Segeltörns von Mazagón/Spanien nach Teneriffa erlebt: Auf knapp 800 Seemeilen zwischen fünf Meter hohen Wellen segle ich dahin, während ein Tiefdruckgebiet das nächste jagt – acht Tage lang extremer Seegang.

Endlich beruhigt sich das Meer kurz vor Teneriffa. Ich befinde mich noch immer auf See und sitze abends im Cockpit. Vor mir leuchtet der Himmel in wahnsinnigen Farben. Ich beobachte den Sonnenuntergang und sehe, wie schnell sich die Farben wandeln und die Sonne im Meer versinkt. In dieser Situation bin ich ganz bei mir, ganz Eins mit mir, und sinniere über das Leben. Auch Gedanken zu Recht, Gesetz und Politik fließen. Ich erkenne, dass das Steuern des Bootes inmitten der Kräfte des Meeres irgendwie vergleichbar ist mit dem Leben. Ich erkenne auch, dass die Zentren der politischen Macht, die politischen Gebaren weit davon entfernt sind, viel zu abstrakt agieren, am Kern des Lebens der Menschen vorbei.

Der Sonnenuntergang zieht mich abendlich in seinen Bann und die Gedanken richten sich auf die Geschwindigkeit der Sonne, die jeden Tag für uns auf- und untergeht. In nur zwei Minuten bewegt sie sich von uns aus betrachtet um ihren eigenen Durchmesser weiter. Das ist eine beträchtliche Geschwindigkeit. Berührt sie abends am Horizont das Meer, dauert es also nur rund zwei Minuten, bis sie scheinbar im Meer untergetaucht, bis sie untergegangen ist. Doch dieses Farbenspiel, ihre eigene Farbänderung von gelb zu immer mehr rot, das himmlische Farbspektakel, das sich stetig verdunkelt und schließlich nach Sonnenuntergang in einem zarten rötlichen Streifen schimmert, lässt mich tief versinken. Der Himmel wandelt sich allmählich zur Nacht, die aufgehende Mondscheibe zeigt sich und mit ihr unzählige funkelnde Sterne.

Diese wenigen Minuten kommen mir wie eine Ewigkeit vor. Ich gerate immer in großes Staunen, das mein ganzes mentales Befinden erfüllt. Es löst ein Wohlgefühl aus. Kaum etwas sonst vermag es, durch seine bloße Existenz und das Betrachten ein derartiges Wohlbefinden zu bewirken. Das bestätigt sogar eine Harvard-Studie. Wahrscheinlich können wir beliebige Menschen befragen und alle würden die Schönheit des Sonnenuntergangs bestätigen. Ist dies vielleicht etwas, was die Menschen vereint?

Dabei führt die Sonne uns damit doch wirklich Tag für Tag die Vergänglichkeit vor Augen – auch die des Lebens. Als Traumsymbol markiert der Sonnenuntergang ebenfalls das Ende eines Zyklus und eine Aufforderung, loszulassen, um frei für den nächsten Tag beziehungsweise das noch Kommende zu sein. Er symbolisiert den Lebensabend und kann im Traum eine Mahnung sein, dass die

Zeit, Pläne umzusetzen und Wünsche zu erfüllen unwiderruflich vorübergezogen ist. Diesbezüglich sollte sich der Träumende fragen, ob er noch mit all seiner Energie hinter einem Vorhaben steht, wie auch die Sonne die warme, lebensspendende Energiequelle der Erde ist. Ohne die Kraft der Sonne gedeiht nichts.

Mit ihrem Untergang leitet die Sonne in die Nacht über, die Zeit der Regeneration. Der Tag stirbt, wie sich auch das Leben im Winter zurückzieht, um nach einer Regenerationsphase wieder zurückzukehren.

„Jeder Tag ist ein kleines Leben – jedes Erwachen und Aufstehen eine kleine Geburt, jeder frische Morgen eine kleine Jugend, und jedes Zubettgehen und Einschlafen ein kleiner Tod."

ARTHUR SCHOPENHAUER

Die tagsüber am Himmel stehende Sonne bezeichnet weiterhin das Bewusstsein, während sich dieses mit dem Sonnenuntergang zurückzieht, um dem Unterbewusstsein Platz zu machen, das auch unser Traumbewusstsein umfasst. Das Unterbewusstsein ist jener verborgene Teil des Selbst, der über die Sinne empfänglich ist. Diese offenbaren ihm die Faszination des Sonnenuntergangs und holen es herauf, ganz dicht an das Bewusstsein heran und beide treffen sich im Augenblick, in der Zeitlosigkeit des Seins, das innig mit dem Selbst verbunden ist.

Es ist der erlebte Augenblick, der diese Zeitlosigkeit birgt, während die Wahrnehmung gleichzeitig registriert, dass die Sonne im Meer versinkt. Das Bewusstsein erkennt daran die Geschwindigkeit des Lebens und die Vergänglichkeit, während sich das Unterbewusstsein völlig frei vom Zeitempfinden mit diesem unnachahmlichen Himmelsspiel vereint.

„Meditation bringt uns in Berührung mit dem, was die Welt im Innersten zusammenhält."

JOHANN WOLFGANG VON GOETHE

Das Leben und die Zeit

Wartest du auf etwas und schaust ständig auf die Uhr, kann sich jede Minute zähflüssig dahinziehen. Langweilst du dich, will die Zeit einfach nicht vergehen. Bist du ganz bei einer Sache, verfliegt sie dagegen. In Erwartung auf den ersehnten Urlaub tröpfelt die Zeit ebenfalls nur dahin; der Urlaub selbst scheint vorbei, als er doch gerade erst angefangen hat.

Obwohl die Sache mit der Zeit objektiv definiert und am Ziffernblatt einer Uhr ebenso objektiv abzulesen ist, ist das Zeitempfinden rein subjektiv. Es ist eine Frage der Wahrnehmung, der Fokussierung und der Intensität. Schaust du zehn Minuten ununterbrochen auf das Zifferblatt einer Uhr und verfolgst, wie die Zeit Sekunde für Sekunde voranschreitet, kommt dir die Zeitspanne unerträglich lang vor. Ähnlich verhält es sich, wenn du zehn Minuten auf den verspäteten Bus wartest. Bist du in einen spannenden oder lustigen Film vertieft oder widmest dich einer interessanten Tätigkeit, verfliegt dieselbe Zeitspanne nur so.

Richtest du deine Aufmerksamkeit also konkret auf die Zeitquantität, zieht sie sich in die Länge. Ist sie auf die Zeitqualität fokussiert, scheint sie schneller zu vergehen. Nun wird es kurios:

Die als länger erlebte Zeitquantität ist jene, die du rückblickend als unrelevante Zeit bewertest, denn sie ist leer, sie ist unerfüllt und ohne Wesentliches, worauf sich deine Achtsamkeit gerichtet hätte. Die als schnell verflogen empfundene Zeit wird im Nachhinein als länger bewertet, weil sie inhaltliches Potenzial hat. Dieselbe Zeitspanne ist in diesem Fall voller Erlebnisse und Erinnerungen, was sie reichhaltiger erscheinen lässt als die leere, vertane Zeit, die keinen bleibenden Wert für dich umfasst. Deshalb empfinden Erwachsene die Zeit im Laufe der Jahre als immer schneller vergehend: Sie sind in ihrer Aufmerksamkeit ständig auf Äußeres wie Termine, Verpflichtungen und andere Marker gerichtet. Die Achtsamkeit ist selten konkret bei der Sache, die sie dazwischen tun. Kinder dagegen sind ganz in ihre vielen Erlebnisse versunken, entdecken ständig etwas Neues und leben in der Zeitqualität. Sie ist reichhaltig, intensiv erlebt und daher im Empfinden rückblickend scheinbar ewig lang – oder auch zeitlos.

So zeigt es mir jedes Mal der Sonnenuntergang. Objektiv dauert er nur wenige Minuten an. Ich gerate in einen in mir ruhenden Zustand und empfange all seinen Reichtum, befinde mich außerhalb der Zeit. Ich erfahre und erlebe eine unendliche Bereicherung und weiß zugleich: Die Zeit läuft unerbittlich weiter und jede nicht intensiv gelebte Sekunde ist eine verlorene Sekunde.

Drum versuche immer wieder, den Blick auf das Wesentliche zu lenken. Darin findest du Orientierung und Halt, einen Fixpunkt, auch dann, wenn du mal ins Trudeln und Taumeln gerätst. Lasse dich durch die Turbulenzen des Lebens nicht entmutigen, sondern halte nach der Botschaft, dem Wegweiser darin Ausschau, denn: Wer weiß, wozu es gut ist?

Eine Kugel an einer Schnur pendelt, nachdem sie angestoßen wurde, eine Weile hin und her, bis sie in ihren ursprünglichen Ruhezustand zurückkehrt. Auf dass auch du immer wieder deine Mitte findest!

„Es gibt nur zwei Tage in deinem Leben, an denen du nichts ändern kannst. Der eine ist gestern und der andere ist morgen.“

DALAI LAMA

9

Achtsamkeit: ein Weg zu Gelassenheit und Geistesgegenwart

Achtsamkeit entstammt dem Buddhismus, ist aber auch in der westlichen Psychologie anerkannt. Anders als viele andere fernöstliche Traditionen lässt sich Achtsamkeit problemlos in jeden Alltag integrieren und von jedem praktizieren.

Ich führe das Thema hier zusammen mit weiteren auf, weil sie eine Art Leitfäden an die Hand geben, die im Leben dienlich sein können. Es geht dabei um Aspekte, die sonst gerne gewohnheitsmäßig im Alltag vernachlässigt werden. Das führt zu Problemen, die man nicht haben muss: Probleme und Konflikte hält das Leben genug für uns bereit; da braucht es wahrlich nicht noch welche obendrauf, die alles erst recht erschweren. Mehr noch – mit Achtsamkeit und verwandten nun folgenden Methoden bringt man sich selbst in eine Verfassung, die es ermöglicht, sehr viel gelassener mit etwaigen Problemen umzugehen. Lösungsansätze werden dadurch wesentlich einfacher gefunden. Somit erleichtert Achtsamkeit das Leben und damit nicht genug, führt sie zu einer inneren Haltung, die dich enorm bereichern kann. Das gilt für jegliche Situationen – auch Glücksmomente kannst du auf diese Weise viel intensiver und erfüllender erleben.

Was bedeutet Achtsamkeit?

Grundsätzlich geht es darum, dass du fokussiert, aber offen wahrnimmst, was gerade geschieht, was um dich herum ist oder was du gerade tust. Damit ähnelt Achtsamkeit der Konzentration auf etwas. Anders als beim konzentrierten Ausüben einer Tätigkeit erstreckt sich deine Wahrnehmung aber zudem auf deine Gedanken, Gefühle und körperliche Regungen und Empfindungen. Du bist ganz bei der Sache, die du tust und registrierst dabei, was in dir und um dich herum vorgeht. Das Wichtigste dabei ist, dass du nichts davon bewertest, du nimmst einfach nur wahr.

Dazu setzt du all deine Sinne ein: Du erfasst Geräusche, Gerüche, Geschmack, Gedanken, Gefühle und optische Eindrücke. Das führt dazu, dass du dich ganz in dem aktuellen Moment befindest. Du bist völlig geistesgegenwärtig.

„Verweile nicht in der Vergangenheit, träume nicht von der Zukunft, konzentriere den Geist auf den gegenwärtigen Moment."

BUDDHA

Mittel gegen das Wandern und Kreisen der Gedanken

Im Englischen wird Achtsamkeit als „mindfulness" bezeichnet – das Gegenteil von „mind wandering". Letzteres bezeichnet genau das, was wir meistens tun: Unsere Gedanken und mit ihnen meist auch Emotionen wandern zu Vergangenem, beschäftigen sich mit Zukünftigem oder kreisen unaufhörlich um irgendwelche Sorgen. Damit sind wir innerlich recht zerfleddert und zerstreut. Wir sind nie wirklich bei dem, was aktuell geschieht oder was wir aktuell tun.

Unsere Gedanken können wir nicht direkt aufhalten, wenn wir uns um Achtsamkeit bemühen, aber wir nehmen wahr, was sie tun und wie sie sich verselbstständigen möchten. Indem wir unsere Achtsamkeit jedoch nicht ausschließlich den Gedanken widmen, uns nicht von ihnen vereinnahmen lassen, gewinnen sie nicht wie sonst üblich die Oberhand und überlagern alles andere. Die Emotionen, körperliche Regungen und die Umgebung in all ihren Facetten werden ebenfalls registriert und gewinnen somit an Stellenwert.

Dadurch werden indirekt auch die Gedanken ein wenig gelenkt, nämlich weg von ihrer unkontrollierten Verselbstständigung und hin zu dem, was deine Sinne genau in dem Moment erfassen. Sie werden auf das gerichtet, was tatsächlich im Hier und Jetzt stattfindet.

Wertfreie Akzeptanz

Es mag einfacher klingen, als es ist, alle inneren Regungen einfach nur wahrzunehmen, ohne darüber zu urteilen oder sie zu bewerten. Das gelingt aber recht schnell, wenn du dich mit der Achtsamkeit etwas vertrauter gemacht hast. Dein Gehirn lernt mit und stellt sich immer besser darauf ein. Deshalb kannst du die Achtsamkeit nach kleinen anfänglichen Übungen immer leichter in den Alltag integrieren – dein Bewusstseinszustand verändert sich.

Angenehme Gefühle und Regungen nimmst du ebenso unvoreingenommen und wertfrei wahr wie unangenehme. Auf diese Weise werden die Sinne zunehmend sensibilisiert und du kannst immer feinere Aspekte wahrnehmen. Indem die Wahrnehmungen nur als solche aufgenommen, nicht aber bewertet werden, erfolgt eine Form der Akzeptanz dessen, was ist – und zwar exakt im Augenblick, im Hier und Jetzt. Du lernst zugleich deine eigenen Gedanken und Gefühle intensiver kennen und wirst dir damit deiner Selbst bewusster. Das bedeutet: Du wirst selbstbewusster!

Der angenehme und wirklich sinnvolle Nebeneffekt ist, dass das Wesentliche einen höheren Stellenwert bekommt als Unwesentliches. Durch die Achtsamkeit ruhst du mehr im Moment und in dir selbst. Die geschultere Wahrnehmung unterbricht Stressreaktionen, die sonst automatisch im Körper ablaufen. Sie wirkt außerdem effektiv dem Gefühl entgegen, sich in einem Hamsterrad zu befinden und ebenfalls diesem heimtückischen Gedankenkarussell, das sich ständig ungefragt losdrehen möchte und dich mitnimmt, bis dir im übertragenen Sinne schwindlig wird und du gar nicht mehr weißt, wo vorne und hinten ist. Stattdessen gewinnst du und behältst du einen besseren Klarblick.

Gesteigerte Widerstandsfähigkeit und Entspannung

Würden wir weniger unachtsam durchs Leben hasten, könnten wir uns vermutlich einiges an Krisen ersparen oder diese besser bewältigen. Momente der Achtsamkeit bewirken innerlich eine Entschleunigung und dieses „Einfach-wahrnehmen" hat zur Folge, dass die Gedanken nicht immer sofort auf etwas reagieren und sich daran festbeißen müssen. Ähnlich verhält es sich mit körperlichen Reaktionen – es besteht auch bei unschönen Erlebnissen und Gefühlen nicht die sofortige Notwendigkeit, Stresshormone auszuschütten.

Zu ähnlichen Ergebnissen kommen auch einige Wissenschaftler, die sich näher mit der Thematik auseinandergesetzt haben: Regelmäßige Achtsamkeitsübungen können akuten Stress reduzieren und die Stressresistenz steigern. Körper, Geist und Seele geraten in einen entspannteren Zustand, was allgemein zu mehr Gelassenheit verhilft. Davon kann die psychische Stabilität ebenso profitieren wie das Allgemeinbefinden und sogar die Gesundheit, denn ständiger Stress, innere Unruhe und psychische Instabilität können die Krankheitsanfälligkeit erhöhen. Das betrifft insbesondere sogenannte Zivilisationskrankheiten, aber auch die Immunstabilität und das hormonelle Gleichgewicht.

Letztendlich stellt sich alles in dir auf einen anderen Umgang mit Krisen und Stresssituationen ein. Du kannst durch die innere Haltung eine andere Herangehensweise entwickeln, da du durch Achtsamkeitsübungen weniger dazu neigst, ins Grübeln zu verfallen, in ein Gedankenkarussell zu geraten oder grundsätzlich weniger aufgewühlt bist. Achtsamkeitsübungen werden gelegentlich sogar als Psychohygiene bezeichnet, was einen Zustand von innerer Aufgeräumtheit und Klarheit umschreibt.

Wie effektiv regelmäßige Achtsamkeitsübungen sind, haben Forscher des Max-Planck-Instituts in Leipzig herausgefunden: Bis zu 25 Prozent kann das allgemeine Stresslevel dadurch sinken. Festgestellt haben sie dies durch Haaranalysen, denn unter anderem dort werden Spuren von Stresshormonen abgelagert. Nicht umsonst heißt es, dass Stress zu grauen Haaren führen kann. Über die Haarwurzel werden die wachsenden Haare am Ansatz also mit Stresshormonen angereichert. So lässt sich wunderbar nachvollziehen, ob deren Konzentration in einer bestimmten Phase sinkt.

Einfache Achtsamkeitsübungen für den Alltag

In Achtsamkeit kannst du dich schon direkt nach dem Aufwachen üben, indem du deine Sinne öffnest und in dich hinein spürst, wie du dich fühlst, wie sich dein Körper anfühlt, wie vielleicht noch etwas Schlaf dein Gehirn in Beschlag nimmt und dieses erst langsam aktiv wird. Nimm alle Geräusche um dich herum wahr, die Lichtverhältnisse und dein Wärme- oder Kälteempfinden.

Eine weitere gute Möglichkeit bietet sich morgens im Bad, zum Beispiel beim Zähneputzen oder Duschen. Eigentlich eignen sich alle Routineabläufe ausgezeichnet, denn genau bei solch eher automatisch durchgeführten Handlungen ist man kaum bei der Sache; es schweifen die Gedanken allzu schnell zu diversen Themen und bleiben dann hartnäckig dran. Weiter geht es beim Frühstück und auf alltäglichen Wegen.

Besondere Achtsamkeit verdient das Essen. Die Nahrungsaufnahme ist essenziell, ohne können wir nicht überleben. Trotzdem essen wir oft, als wäre es völlig unwesentlich und nebensächlich. Noch viel wesentlicher ist das Atmen – wir tun es ununterbrochen und bekommen gar nichts davon mit. Versuche doch einfach ganz bewusst zu essen, dabei zu riechen, zu fühlen und zu schmecken, die Konsistenz wahrzunehmen, Farben und Geschmacksnuancen zu erleben. Kaue jeden Bissen bewusst und lasse dich durch nichts ablenken. Umgebungsgeräusche registriere ebenso, ohne dich dabei von ihnen einnehmen zu lassen. Gerade weil das Essen wie jede Routine so eine alltägliche Nebensache ist, gelingt es dabei gut, nichts zu bewerten und ausschließlich auf die Handlung und Wahrnehmungen zu achten.

Versuche zwischendurch auch gelegentlich, dir der Atmung bewusst zu werden, um sie intensiv zu spüren und zu erleben. Das bietet sich bei jeder Gelegenheit an, sehr gut gelingt es anfangs aber am Abend nach dem Hinlegen. Es hilft zudem, den Geist zu beruhigen und immer entspannter Abstand vom Tag zu gewinnen. Das ist eine ausgezeichnete Voraussetzung für einen erholsamen Schlaf.

Achtsamkeitsübungen ausbauen

Wenn du draußen bist, achte auf die Temperatur, die Luft, die Umgebungsgeräusche und alles, was du dabei empfindest. Wie fühlt sich Regen an, die Regentropfen, die deine Haut treffen, wie sehen sie aus, wenn sie um dich herum auftreffen, wie verhalten sie sich, wenn sie sich zu einem kleinen Rinnsal formen?

Wie fühlt es sich an, wenn Sonnenstrahlen deine Haut streicheln? Wie empfindest du höheren oder niedrigeren Luftdruck, wie fühlst du dich bei bedecktem und strahlend blauem Himmel? Wie wirkt das Vogelgezwitscher um dich herum? Hörst du vielleicht den Wind sanft durch das Gras streifen?
Wie fühlt sich der Boden an, auf dem du sitzt oder läufst? Spürst du Unebenheiten oder unterschiedliche Beschaffenheiten? Wie

läufst du eigentlich? Wie in der Wohnung, wie auf einem Spaziergang, wie mit einem festen Ziel unterwegs? Achte auf die Bewegungsabläufe der Beine, die Geschwindigkeit, spüre, wie sich die Füße bei jedem Schritt abrollen und dein gesamtes Gewicht ausbalancieren. Fühlen sich deine Beine eher leicht und beweglich oder eher schwer und staksig an? Wie ist deine Körperhaltung beim Laufen? Wie bewegen sich die Arme und wie fühlen sie sich an? Spüre und erlebe es und nimm zugleich einfach nur wahr, was du drumherum siehst, hörst und riechst, wie du dich bei alldem fühlst. So widmest du dich immer mehr und bewusster dem Wesentlichen.

„Der Schlüssel dazu, sich eines glücklichen und erfüllten Lebens erfreuen zu können, ist der Bewusstseinszustand. Das ist das Wesentliche."

DALAI LAMA

Nichtstun und Stille

Was vielen Menschen am schwersten fällt, ist das Erleben der Stille und das bewusste Nichtstun. Dem kannst du dich durch bewusste Langsamkeit annähern: Führe etwas in Zeitlupe aus. Das kann das Zähneputzen sein oder einfach ein beliebiger Handgriff, etwa nach einem Buch oder einer Tasse.

Hast du dich schon einmal in der Dunkelheit fortbewegt? Schalte abends das Licht aus, wenn du von einem Raum in einen anderen gehst und taste dich voran. Das ermöglicht eine viel intensivere und ablenkungsfreiere Wahrnehmung, was um dich herum ist und was du empfindest. Durch bewusste Langsamkeit sowie durch Wahrnehmung und Orientierung bei Dunkelheit spürst du mehr in dich hinein.

Das ist eine gute Vorbereitung darauf, die Stille zu erleben. Dafür tust du gar nichts, außer dich hinzusetzen. Aufkommende Gedanken werden beiseitegeschoben, du öffnest dich allein den Reizen der Umgebung. Möglicherweise empfängst du gleichermaßen etwas in dir: deinen Puls, deinen Herzschlag, deine Atmung, bemerkst das Blinzeln deiner Augen, wie sie umherschweifen, fühlst, was sich in dir regt. Versuche dasselbe, wenn du meinst, es herrscht Stille um dich herum und lass dich überraschen, welche Geräusche die vermeintliche Stille so birgt. Das kann erholsam sein und eine kurze Auszeit von der ständigen Bewegung und der Schnelllebigkeit im Alltag verschaffen.

„Wenn du einen ruhigen und stillen meditativen Zustand erreichst, kannst du das Geräusch der Stille hören."

STEPHEN RICHARDS

Das Nichtstun verwechseln viele Menschen damit, sich Zeit für sich selbst zu nehmen. Das geschieht zwar mit dem Nichtstun, und zwar sehr effektiv, aber anders als es in den Vorstellungen vieler Menschen stattfindet. Nimm dir zehn Minuten Zeit und tu wirklich nichts. Es läuft keine Musik und kein Fernseher, es findet keine Unterhaltung statt, du isst nicht, trinkst nicht, liest nichts und das Handy ist beiseitegelegt. Du tust nichts, als dich bequem auf die Couch zu setzen oder zu legen. Das ist die Gelegenheit, bewusst den Tag Revue passieren zu lassen. Nimm wiederum dabei deine Gefühlsregungen wahr. Registriere Zufriedenheit und Unzufriedenheit wertfrei. Was ist vielleicht nicht so gut gelaufen und was möchtest du diesbezüglich ändern? Was ist super gelaufen und möchtest du so beibehalten? Welche Wünsche und Pläne regen sich eventuell?

Diese Minuten gehören nur dir, sind nur für dich, und in diesen Minuten dürfen die Gedanken den Tag durchlaufen, denn dafür nimmst du dir diese Zeit. Der Unterschied zum willkürlichen Gedankenkreisen ist, dass du es bewusst gestattest, um ihnen im Hier und Jetzt Raum zu geben. Wichtig ist wiederum nur, dass du sie und deine sich einstellenden Emotionen nicht bewertest. Nimm sie nur wahr und ebenso, wie sich dein Körper dabei anfühlt, ob er sich zwischenzeitlich anspannt oder entspannt, in welchen Bereichen und bei welchen Gedanken und Emotionen er reagiert. Dasselbe gilt für deine Atmung und willkürliche Bewegungen, die du womöglich ausführst.

Der erlebte Augenblick

Die Sache mit der Achtsamkeit mag tatsächlich etwas Übung erfordern, wird uns doch im Alltag eher das Gegenteil abverlangt. Doch du wirst erleben, wie es immer besser gelingt und wie gut es dir tut, auf diese Weise entschleunigen zu können und dir eine Auszeit zu gönnen von all dem Drumherum und anstrengenden Gedankenturbulenzen, die letztendlich zu nichts führen, außer anzustrengen, das Stresslevel steigen zu lassen und zu zermürben. Du wirst weniger Energie auf Unwesentliches verschwenden, denn du spürst, dass es dich nicht bereichert, sondern einschränkt, indem es dich ständig vereinnahmt und ablenkt von dem, was du eigentlich willst und dir eigentlich wohltun würde.

„Die Weisheit des Lebens besteht im Vermeiden der unwesentlichen Dinge."

LIN YUTANG

Du wirst den Wert des erlebten Augenblicks erkennen und seine Essenz spüren. Du wirst bewusster durchs Leben gehen können, statt die Zeit nur so vorbeirauschen zu lassen. Du wirst eine innere Freiheit entdecken, dich selbst besser kennenlernen und Gelassenheit empfinden können. Deine Sinne werden sensibilisiert und du wirst viel mehr Feinheiten erkennen können, dich nicht so sehr von Ereignissen herumgewirbelt fühlen, denn du lebst in und agierst zunehmend aus deiner Mitte heraus. Du bist dein eigener Fels in der Brandung. Du kannst dadurch sogar lernen, deinen Puls bewusst zu beruhigen und deine Atmung bewusst gleichmäßig zu steuern.

Du kannst enorm an Lebensqualität gewinnen und ganz neu auch mit unliebsamen Ereignissen umgehen. Du kannst Verzweiflung, Wut und Trauer zulassen als einen Teil von dir, ohne darin unterzugehen und vor allem: ohne die Schönheiten des Lebens aus den Augen zu verlieren, denn deine Sinne sind offen für sie. Du verbringst weniger Leben mit verlorener, unerfüllter Zeit, denn du agierst mit einem anderen Selbstverständnis – einem Verstehen und Achten deiner Selbst, dem Wichtigsten, Wertvollsten und Wunderbarsten, was du hast!

„Die wahre Lebensweisheit besteht darin, im Alltäglichen das Wunderbare zu sehen."

RALPH WALDO EMERSON

„Mit dem achtsamen Atem zu meditieren heißt, Körper und Geist zurück zum gegenwärtigen Moment zu bringen, sodass du nicht deine Verabredung mit dem Leben verpasst."

THÍCH NHẤT HẠNH

10

Im Rhythmus des Lebens: die Atmung

„Wenn es uns gelingt, Atem und Bewusstsein zu verbinden, sind wir der Lebensenergie verbunden. Der Atem ist der Atem der Gnade Gottes und dieser Atem ist es, der die Seele zum Leben erweckt. Solange die Seele nicht von Bewusstsein belebt ist, gleicht sie dem Vogel, der noch nicht flügge ist."

SUFI-WEISHEIT

Wie atmest du genau jetzt in diesem Moment, in dem du dies liest? Ist die Atmung eher flach oder tief? Atmest du schnell oder langsam? Atmest du gleichmäßig oder ungleichmäßig? Wie lang ist die Pause zwischen Ein- und Ausatmen und umgekehrt? Ist die Atmung leise oder geräuschvoll? Atmest du durch die Nase oder durch den Mund?

Frage dich als nächstes, wie oft du überhaupt auf deine Atmung achtest oder bisher geachtet hast. Vermutlich geschieht das nicht allzu oft – wir tun das einfach ganz automatisch. Allenfalls werden wir uns zwischendurch mal bewusst, dass wir nach einer Anstrengung außer Atem sind oder bei einer Erkältung, dass die Atmung eingeschränkt ist. Dabei ist das Atmen das erste, was ein Säugling lernen muss, denn ohne Atmung überlebt er nicht.

Wie kann es sein, dass wir dieser wichtigen Sache so wenig Aufmerksamkeit schenken? Mit jedem Atemzug nehmen wir Sauerstoff aus der Atmosphäre auf. Dieser erfüllt die Lunge und wird anschließend über das Blut bis in alle Organe, das Gehirn und jede Zelle geleitet. Ohne Sauerstoff funktionieren diese kleinen

Bausteine unseres Körpers nicht und auch nicht die Zellregeneration, die uns unser Leben lang körperlich erneuert. Atmen wir wieder aus, gelangt Kohlendioxid in die Atmosphäre. Für uns ist das im Übermaß ein Giftstoff, wir würden an ihm ersticken. Für sämtliche Pflanzen um uns herum ist er dagegen das Lebenselixier, das für uns der Sauerstoff ist. Nun nehmen die Pflanzen diesen verbrauchten Bestandteil deiner Atemluft auf und wandeln ihn ihrerseits in frischen Sauerstoff um, den du erneut einatmen kannst.

Dadurch verbindet uns die Atmung mit all dem Leben um uns herum, mit der Vegetation, die uns außerdem Nahrung spendet und ebenso Tiere mit Sauerstoff und Nährstoffen versorgt, die auf unserem Speiseplan stehen. Die Ein- und Ausatmung allen Lebens pulsiert um uns herum im ewigen Rhythmus des Seins – und wir sind ein Teil davon!

Somit hat die Atmung eine noch viel wesentlichere Bedeutung als die bloße Versorgung unseres Organismus mit lebensnotwendigem Sauerstoff. Sie integriert uns umfänglich in den Kreislauf des Lebens.

Bedeutung der Atmung für den Organismus

Über die Atmung wird also der Körper bis in die Zellen mit Sauerstoff versorgt und das ermöglicht erst den Zellstoffwechsel. Der ist wichtig für alle Organe, für den Blutfluss und somit für die Nährstoffversorgung, für die Haut, für das Gehirn, aber auch für unser Befinden: Mangelt es den Zellen an Sauerstoff, fühlen wir uns abgeschlagen, müde und weniger leistungsfähig. Langfristig können die Organe in ihrer Tätigkeit derart eingeschränkt werden, dass es gesundheitliche Auswirkungen hat.

Wesentlich ist jedoch nicht nur die Atmung an sich, sondern die Art der Atmung: Atmest du flach, nimmst du weniger Sauerstoff auf. Ebenso können kurze, hastige Atemzüge weniger aufnehmen als ein tiefes Luftholen bis in den Bauchraum. Ein ganz wichtiges Atemwerkzeug ist unser Zwerchfellmuskel. Eine dauerhaft zu flache Atmung zum Beispiel kann diesen verkümmern lassen. Durch das Zwerchfell verlaufen zahlreiche Nerven, die in ihrer Funktionalität darunter leiden können. Das kann im Extremfall bis hin zu Fehlhaltungen sowie ausstrahlenden Muskelschmerzen im Rücken und in Richtung der Beine führen. Direkt am Zwerchfell mündet die Speiseröhre in den Magen und ein Verschlussmechanismus verhindert, dass Magensäure nach oben in die Speiseröhre dringt, was sich als Sodbrennen bemerkbar macht und die Speiseröhre reizen kann; eine weitere gesundheitliche Beeinträchtigung.

Die Atmung beeinflusst Prozesse im ganzen Organismus und somit den Stoffwechsel und das Immunsystem. Das Gehirn benötigt Sauerstoff für jegliche Aktivität, der Herzmuskel ist auf eine ausreichende Versorgung angewiesen. Ein zu niedriger Sauerstoffgehalt im Blut beeinträchtigt bestenfalls nur das Wohlbefinden, schlimmstenfalls kann er zu Bewusstseinsverlust führen. Deshalb kennt unser Körper den Mechanismus, die Atemfrequenz bei Anstrengung zu steigern: Die Muskulatur, das Herz, das Gehirn müssen ausreichend versorgt werden, folglich tritt automatisch eine vollere Atmung in schnellerer Folge ein.

Umgekehrt wirkt sich allerdings eine Hyperventilation kontraproduktiv aus: Wir atmen sehr schnell und sehr erschöpfend. Dadurch wird zwar viel Sauerstoff aufgenommen, aber zu viel Kohlendioxid auf einmal ausgeatmet. Normalerweise verbleibt ein Rest stets im Blutkreislauf und das ist wichtig für die Druckverhältnisse, den Sauerstofftransport und den pH-Wert. Dies auszuführen würde an dieser Stelle zu weit gehen – bedeutsam ist nur, sich bewusst zu werden, dass es sich um ein ausgeklügeltes, sehr komplexes System handelt und ein Ungleichgewicht gesundheitliche Folgen hat. Eine davon kann Schwindel bis hin zu Ohnmacht sein.

Daran erkennst du, wie bedeutsam die Atmung für den Organismus und dein gesundheitliches Befinden ist und wie bedeutsam eine korrekte Atmung ist – ausgerechnet die Atmung, der wir so wenig Aufmerksamkeit schenken und die uns über die Lebensessenz mit allem um uns herum verbindet!

Entspannung und Stressreduzierung durch die richtige Atmung

Atmest du eher in den Brustkorb oder eher in den Bauch? Die Bauchatmung ist tiefer, die Brustatmung flacher. Mit dem Einatmen in den Bauchraum wird das Zwerchfell als Atemmuskel aktiv. Wurde dies lange vernachlässigt, kann dieser Muskel schwächeln und diese Form der Atmung mag gar nicht mehr so richtig gelingen oder ist anstrengend. Mit jedem tiefen Atemzug in den Bauch wird das Zwerchfell aber trainiert und es klappt immer besser.

Lege dir beim Einatmen eine Hand auf den oberen Bauchraum. Er dehnt sich als erstes aus. Erst danach füllen sich auch die oberen Bereiche spürbar mit Luft. Um das Zwerchfell zu trainieren, kannst du eine Hand im unteren Rippenbereich darauflegen und leichten Widerstand ausüben. Dieser muss beim Einatmen überwunden werden, indem sich der Bereich samt deiner Hand hebt. Das soll nicht anstrengend sein, sondern dient lediglich der Übung und dazu, den Zwerchfellmuskel bewusst zu animieren.

Die korrekte Bauchatmung erfolgt in tiefen, langsamen Atemzügen. Dadurch nimmst du viel Sauerstoff auf, der das Blut anreichert, aber du führst es nicht so abrupt und hektisch zu wie bei der Hyperventilation. Mit einer ausgewogenen Sauerstoffversorgung des Organismus und des Gehirns tankst du Energie, zugleich beruhigen die langsamen, tiefen Atemzüge aber. Mit etwas Übung kann dadurch die Herzfrequenz reduziert werden und der Blutdruck kann im Idealfall gesenkt werden. In jedem Fall wirkt es sich stabilisierend aus.

Du gelangst insgesamt in einen ausgeglicheneren Zustand, wodurch sich körperliche und seelische Anspannungen lösen können. Vielleicht kennst du das: Du erschrickst und dir stockt quasi der Atem, während du in eine plötzliche Anspannung gerätst. Ähnlich verhält es sich bei einem spannenden Film, wenn du für einen Moment die Luft anhältst. Andererseits kann bei „Entwarnung" ein erleichtertes Ausatmen und nochmaliges tiefes Durchatmen erfolgen, wenn sich in dir wieder Entspannung einstellt. Die Atmung hat also einiges mit Anspannung und Entspannung zu tun.

Ist dies erst bewusst, lässt sich die Atmung gezielt einsetzen. Du kannst Anspannung, Stress, Unruhe oder Nervosität über die Atmung entgegenwirken. Üblicherweise werden die Atemzüge bei derartigen Zuständen flacher, oft auch kürzer. Da Stress, Anspannung und Unruhe irgendwie häufig ein fester Bestandteil des Alltags zu sein scheinen, gewöhnen sich Menschen gelegentlich generell eine zu flache Atmung an. Das verbessert die Verfassung nicht unbedingt, sondern steigert das Unwohlsein, trägt zu Ermüdung bei, die Leistungs- und Konzentrationsfähigkeit sinken, man fühlt sich schneller überfordert, die Stressanfälligkeit wird letztendlich nochmals erhöht. Auf diese Weise beginnt ein Teufelskreis, denn Stress begünstigt wiederum eine zu oberflächliche Atmung.

Du siehst, es ist gar nicht verkehrt, sich mit Achtsamkeit zu befassen: Durch Achtsamkeit registrierst du zeitnah auch, wie du in verschiedenen Situationen atmest und kannst korrigierend eingreifen. Bist du nervös, atme also tief ein und aus. Dasselbe hilft vor und während Prüfungssituationen, bei innerer Unruhe, bei Sorgen und Ängsten und zudem bei unaufhörlich kreisenden Gedanken.

Entspannung, Ausgeglichenheit, Stressreduzierung und Energetisierung oder Leistungssteigerung sind nur einige Zustände, die sich durch die Atmung beeinflussen lassen. Atmest du dich in einen ruhigen, ausgeglichenen Zustand, erleichtert dies das Einschlafen. Verschiedene Arten von Kopfschmerzen lassen sich wegatmen und auch bei anderen Schmerzen kann die Atmung unter Umständen regulierend eingreifen. Das Lösen von Anspannung durch die ruhige, langsame und tiefe Bauchatmung betrifft neben dem Körper übrigens ebenso die Psyche.

So sehr, wie dich die Atmung mit allem Leben verbindet, so sehr wirkt sie in dir selbst in ganzheitlicher Hinsicht auf Körper, Seele und Geist.

„Der Atem ist die Brücke, die das Leben mit dem Bewusstsein verbindet, die Brücke, die deinen Körper mit deinen Gedanken verbindet. Wann immer dein Geist zerstreut ist, benutze deinen Atem, um die Verbindung wieder herzustellen."

THÍCH NHẤT HẠNH

Atmung, Haltung und Gesundheit

Für die richtige Atmung gibt es einige Grundsätze. Das Einatmen durch die Nase sorgt für ein langsameres Luftholen gegenüber dem Einatmen durch den Mund. Die Luft wird außerdem über die Flimmerhärchen in der Nase gefiltert und, wichtig bei kalter Luft, sie wird auch ein wenig temperiert und gelangt nicht zu kühl in die Lunge. Das Ausatmen sollte dagegen durch den Mund erfolgen.

Was oft Hand in Hand geht, ist die Atmung und die Haltung. Belastet etwas, neigen Menschen dazu, dies in der Haltung auszudrücken, als ob sie ein Gewicht auf den Schultern tragen würden. Zugleich besteht eine Neigung zu einer flachen Atmung und darüber hinaus wird die Lunge aufgrund der nach vorne gekrümmten Haltung eingeengt. Beim flachen Einatmen dehnt sich deshalb nur der Brustbereich ein wenig aus und die Schultern heben sich etwas. Infolgedessen und durch die gekrümmte Haltung füllt die eingeatmete Luft lediglich den oberen Bereich der Lunge.

Bei der Bauchatmung dagegen dehnt sich zunächst der Bauchbereich aus und mit ihm der Zwerchfellmuskel, der sich in den Bauchraum wölbt, was dem unteren Lungenbereich Freiraum verschafft. Die eingeatmete Luft gelangt nun in den unteren Lungenbereich und füllt ihn, ein tiefes Einatmen vorausgesetzt, bis in den oberen. Das gesamte Lungenvolumen kann genutzt werden, die Sauerstoffaufnahme steigt deutlich. Ein weiterer Effekt ist, dass sich zuletzt auch der Brustbereich ausdehnt und mit ihm die Schultern heben, was zu einer aufrechteren Haltung führt. Das wiederum bewirkt ein Gefühl der Befreiung beim Einatmen: Man kann Belastung und Stress „wegatmen“ und sich freiatmen.

Die Lunge wird durch ihre gesamte Nutzung trainiert und ist

langfristig in der Lage, auch in hektischen Zeiten, in Stresssituationen oder bei Belastung mehr Sauerstoff aufzunehmen. Der Organismus wird genau dann besser versorgt, wenn er es besonders benötigt, wodurch Beeinträchtigungen entgegengewirkt wird. Fehlhaltungen wird entgegengeatmet, was sich positiv auf den Bewegungsapparat auswirkt. Allgemein werden die Stressanfälligkeit, verschiedene Arten von Kopfschmerzen, Abgeschlagenheit und Konzentrationsschwäche reduziert.

Weiterhin sollte bei der korrekten Atmung das Ausatmen länger andauern als das Einatmen und zwischen beidem liegen kurze Pausen.

Beeinflussung des vegetativen Nervensystems

Was bei der Atmung gerne sogar in Fachkreisen vernachlässigt wird, ist der Vagusnerv. Dabei handelt es sich um einen der größten Hauptnerven, die vom Gehirn aus in den Körper verlaufen. Er verläuft an den Stimmbändern und am Kehlkopf entlang hinunter durch das Zwerchfell bis tief in den Bauchraum und verfügt über Abzweigungen zu sämtlichen Organen. Im oberen Bereich verbindet er so das Herz und die Lunge mit dem Gehirn, im unteren Bereich alle Verdauungsorgane bis hin zu den Geschlechtsorganen und der Blase.

Über diesen Nerv erfolgt die Kommunikation zwischen dem Gehirn und den Organen und deren Funktionalität wird gesteuert. Der Vagusnerv dient als „Datenautobahn" und leitet alle Impulse und Befehle hin und her. Er trägt somit zur Steuerung der vegetativen, also der lebensnotwendigen, automatisch ablaufenden Funktionen wie der Atmung, der Verdauung, der Verwertung und der Ausscheidung der Nahrung bei. Ein weiterer Aufgabenbereich ist die Beruhigung: Sein Gegenspieler wird bei Stress aktiv, über den Vagusnerv erfolgt Entspannung und Entkrampfung.

Bei einer falschen Atmung wird der Vagusnerv unzureichend stimuliert und dadurch kann es an Entspannungseffekten mangeln. Bei sehr aktivem Stresssystem ist das fatal. Ebenso werden Verdauungsstörungen begünstigt, die Herzfunktion kann darunter leiden und mehr, was im Aufgabenbereich der Organe liegt. Die korrekte Atmung trägt daher nicht nur zu einer optimalen Sauerstoffversorgung des gesamten Organismus bei, sondern auch dazu, dass alle Organe ihrer Aufgabe ordnungsgemäß gerecht werden können und obendrein dazu, dass du besser entspannen kannst, innerlich zur Ruhe kommst, Stress und Belastungen weniger Chancen haben zu dominieren.

Einfache Atemübungen können die Lebensqualität steigern

Aus alldem ergibt sich, dass du durch die korrekte Atmung die Lebensqualität steigern und etwas für deine Gesundheit tun kannst. Du kannst dich besser gegen schwierige Lebenssituationen wappnen und, etwas Übung vorausgesetzt, sogar aktiv gegen einen zu hohen Stresspegel vorgehen. „Einfach mal tief durchatmen" hat also eine äußerst weitreichende Bedeutung.

Das Wichtigste ist zweifelsfrei, erst einmal auf das Einatmen durch die Nase und die Bauch-Zwerchfell-Atmung zu achten. In dem Wort „achten" liegt bereits die Lösung: Das erreichst du mit Achtsamkeit und, einige Male ausgeführt, gewöhnt sich der gesamte Komplex zunehmend an eine effektive Atmung.

Ertaste und erspüre deine Atmung anfangs einfach und passe sie Schritt für Schritt an. Lege deine Hände auf den Bauchraum und fühle, wie er sich beim Einatmen hebt und ausdehnt. Wiederhole dasselbe im Rippenbereich, auf dem Brustkorb und an den Schultern. Spüre in dich hinein, wie dich die frische Luft durchströmt.

Einen sinnvollen Atemtakt gewöhnst du dir mit stupidem Zählen an: Zähle in derselben Geschwindigkeit beim Einatmen bis 3, zwischen Ein- und Ausatmen bis 1, beim Ausatmen bis 4 und zwischen Aus- und Einatmen wieder bis 1. Achte beim Ausatmen darauf, dass der Bauchraum zuerst sinkt und die verbrauchte Luft nach oben drückt, damit sie vollständig durch den Mund wieder hinausströmen kann. Weiterführend kannst du dir vorstellen, wie dich die Atmung mit dem Leben in Kontakt bringt, wie du den frisch von den Pflanzen produzierten Sauerstoff aufnimmst und ihnen im Kreislauf des Ganzen Kohlendioxid zurückgibst. Das hat schon fast etwas Meditatives und kann dich mit der Essenz des Lebens verbinden, die du in dir pulsieren spürst. Es trägt zu einem Gefühl des Eins-Seins, des Vollkommenseins bei.

„Atme tief ein, um deinen Geist nach Hause zu deinem Körper zu bringen."

THÍCH NHẤT HẠNH

Um gezielt Entspannung herbeizuführen, bietet sich die sogenannte 4711-Übung an. Du zählst etwa im Sekundentakt beim Einatmen bis 4 und beim Ausatmen bis 7. Dazwischen liegt wieder eine 1-er-Taktung, die du auch gerne auf 2 ausdehnen kannst. Du wiederholst die Übung 11 Mal hintereinander. Das sollte, wiederum etwas Übung vorausgesetzt, zur Entschleunigung und Entspannung beitragen.

Möchtest du den Vagusnerv aktiv integrieren, summst du beim Ausatmen leicht, denn da dieser Nerv direkt an den Stimmbändern entlangläuft, erhält er durch die Vibration stimulierende Impulse.

„Meistere Selbstdisziplin und Konstanz und beobachte, wie sich dein Leben verändert."

LEBENSWEISHEIT

11

Meditation – eine Reise ins Innere des Lebens

Meditation ist eine weitere fernöstliche Tradition, unterteilt in verschiedene Techniken und Meditationsformen – aber wir machen es uns einfach: Alles ist erlaubt. Wer sollte bestimmen dürfen, dass nur Meditation nach diesem oder jenem Schema einer uns fremden Kultur richtig und effektiv ist? Jeder kann sie so praktizieren, wie es am besten für ihn passt und, was uns oft gar nicht bewusst ist, hin und wieder geraten wir ganz ohne Absicht in einen meditativen Zustand.

Bei mir sind es immer wieder die endlose Weite und der Sonnenuntergang, die mich in diese tiefe Versenkung führen, die mich ganz zu mir selbst bringt, die pure Lebenskraft spüren lassen, von einer berauschenden Klarheit der Gedanken und Erkenntnisse begleitet. Dies ist eine passive, stille Form der Meditation. Eine aktive, bewegte wäre der Tradition nach Yoga oder Thai Chi. Bei mir ist es das Segeln, das zum Einklang von Körper, Seele und Geist führt inmitten der Urgewalten der Natur, auf die ich mich ganz einlassen und meine Kräfte und Fähigkeiten auf sie abstimmen muss.

Das ist das Ziel einer jeden Meditation – sie strebt einen Einklang zwischen Körper, Seele und Geist an und verbindet mit der Zeitqualität des Lebens. Vermutlich hatte selbst mein strenger, disziplinierter und bodenständiger Vater seine Form der Meditation gefunden: Bei seiner Arbeit im Garten nahm er seine konsequente Haltung zwar mit, dennoch war er aber in einer anderen Welt, konnte sich vom Alltag zurückziehen, die Gedanken frei fließen lassen und bei sich selbst sein.

Überhaupt scheint die Verbindung mit der Natur und der Aufenthalt in der Natur optimale Voraussetzungen zur Meditation zu bieten, aber das ist kein Muss. Du kannst auch eine Kerze anzünden und in einer ruhigen Umgebung eine meditative Atmosphäre schaffen. Der Blick in die Flamme kann etwas Magisches haben, entspannen und ebenfalls den Gedanken und Gefühlen Freiraum zum Fließen verschaffen.

Was ist deine Form der Meditation?

Ich bin sicher, auch bei dir gibt es etwas, das es vermag, dich ganz in seinen Bann zu ziehen, das wie automatisch zu einer Art der Selbstversenkung führt, heraus aus der Geschwindigkeit des Lebens. Nimm dir Zeit, sie immer mal für einen Moment zu vergessen!

„Zeit die wir uns nehmen, ist Zeit, die uns etwas gibt."

ERNST FERSTL

Du kannst es alternativ, wenn dir das leichter fällt, mit einer geführten Meditation versuchen, vielleicht einfach zum Ausprobieren. Sanfte Klänge begünstigen es, innerlich zur Ruhe zu kommen, den Geist zu beruhigen. Eine tiefe, langsame, regelmäßige Atmung trägt ebenfalls dazu bei. Eine Stimme begleitet dich mit Worten, leitet dich an, zum Beispiel dich an einen wunderschönen Ort zu versetzen, den du dir bis ins Detail vorstellen kannst, bis hin zum Geruch in der Luft und den Geräuschen dort.

Einen ähnlichen Effekt wie sanfte Klänge im Hintergrund haben wiederkehrende Töne, wie ein Gong oder Trommeln. Solche sind bewusst eintönig und meist rhythmisch gehalten, um den regen Geist und die kreisenden Gedanken oder aufgewühlte Gefühle mit sich zu ziehen. Sie vermögen in Kombination mit ruhiger Atmung einen tiefenentspannten oder sogar tranceähnlichen Zustand zu fördern.

Wird gelegentlich der Schlaf als kleiner Bruder des Todes bezeichnet, verhält es sich mit einem meditativen Zustand ähnlich: Der Tod bedeutet für die Seele nach Auffassung von Kulturen und Menschen, die den Tod nicht als Ende sehen, sich zu lösen von den Verhaftungen, die das Leben bestimmen. Gleiches geschieht im Schlaf, wenn sich das Bewusstsein zurückzieht und dem Unterbewusstsein Raum gibt. Ebenso ziehst du dich in der Meditation vom Alltagsgeschehen zurück, vom ständig regulierenden, zensierenden und bewertenden Verstand; du löst dich davon. Deine Seele, so oft vernachlässigt, unterdrückt, überlagert, bekommt ihren Freiraum.

Es kann sehr meditativ sein, eine Kerze anzuzünden und in die Flamme zu schauen. Belastet sich etwas, schreibe es auf einen kleinen Zettel und übergib ihn der Flamme. Stelle dir vor, wie sich das Belastende im Rauch auflöst.

Eine andere Möglichkeit ist eine Schnur mit mehreren Knoten. Wusstest du, dass das Beten eines Rosenkranzes auch eine Form der Meditation ist? Du kannst einen Willen formulieren, etwa dass du in einer Situation stark bist. Mit den Fingern tastest du dich Knoten für Knoten die Schnur entlang und wiederholst diese Willensäußerung. Fühle dabei, wie sich die angestrebte Stärke in dir regt, wie sie jede Zelle deines Körpers durchdringt. Eine solche Form der Meditation ist ein wenig vergleichbar mit einer (Neu-)Programmierung.

Meditation muss jedoch nicht mit einem Ziel verbunden sein. Du kannst dich an einen beliebigen Ort der Welt versetzen, der deinem Geist und deiner Seele eine Auszeit verschafft und neue Kraft spendet. Auch Fantasieorte sind möglich. In deiner Vorstellung bist du dort körperlich anwesend, spürst den Boden unter dir, nimmst die frische, belebende Luft in deine Lungen auf.

Krankheiten und Beschwerden fallen an diesem Ort von dir ab, ebenso Sorgen und Nöte. Du bist ganz dort, nur dem Ort und dir selbst verbunden.

Das sind alles nur Beispiele. Es gibt eigentlich nichts, was sich nicht zum Meditieren eignet. Wähle eine Rosenblüte, einen Grashalm, die Wolken am Himmel, Regentropfen oder den Sonnenuntergang. Du kannst dich in der Meditation in einen Baum verwandeln, tief und sicher verwurzelt in der Erde, die Krone wiegt sanft im Wind und du fühlst, wie die reine Lebenskraft durch deinen Stamm fließt – von der Wurzel bis in die Blattspitzen und von dort mit der aufgenommenen Luft zurück bis in die feinsten Wurzeln. Du kannst dich auch in jedes beliebige Tier verwandeln. Lass einfach deine Seele sprechen – womit fühlt sie sich verbunden?

„Mit dem achtsamen Atem zu meditieren heißt, Körper und Geist zurück zum gegenwärtigen Moment zu bringen, sodass du nicht deine Verabredung mit dem Leben verpasst."

THÍCH NHẤT HẠNH

Achte nur darauf, dass der Kern einer Meditation der Einklang von Körper, Seele und Geist ist. Sei daher ganz bei der Sache, richte deine Achtsamkeit auf die Meditation – oder wie ich auf den Sonnenuntergang: Was auch immer du wählst oder dich in einen meditativen Zustand versenkt, verschmelze damit, erlaube es dir!

Sei ganz dabei und achte auf eine ruhige, tiefe Atmung. Wahlweise kannst du mit dem Atem selbst meditieren und spüren, erleben, wie sich der Körper mit jedem Atemzug mehr entspannt, angefangen von den Füßen über die Beine bis nach oben zum

Kopf. Alle Muskeln lockern sich mit jedem neuen Atemzug, bis sich dein Körper gelöst und frei anfühlt.

Es gibt so viele Möglichkeiten. Sei kreativ, versuche es mit dem, was dir in den Sinn kommt oder sich gerade anbietet, probiere dich aus. Jede noch so kleine Meditation schafft eine tiefe Verbindung mit dir selbst und dem Augenblick, losgelöst vom Alltagsgeschehen. Auch das ist etwas, was du anschließend in dir trägst und dich stärkt für das Leben, für viele Situationen. Du kannst alles mit einer anderen, neuen Bewusstheit angehen und wappnest dich für stürmische Zeiten, um dich selbst nicht zu verlieren.

Daneben ist die Meditation ein akutes Hilfsmittel. Vielleicht erinnerst du dich daran, wenn es dir einmal nicht so gut geht: Du hast jederzeit, in jedem Augenblick des Lebens die Möglichkeit sie zu nutzen, um Abstand zu gewinnen, wieder zu dir selbst zu finden, Kraft zu tanken, Mut zu schöpfen. Dazu brauchst du nur dich selbst.

Erschaffe dich neu

Im Leben herrscht niemals Stillstand. Die Sonne zeigt es uns mit ihrem Lauf jeden Tag deutlich, selbst bei bewölktem Himmel zieht sie ihre Bahn und beschert uns Helligkeit und Dunkelheit im ständigen Wechsel. Um uns herum wandelt sich das Leben fortwährend, wie es uns der Jahreszyklus vor Augen führt. In uns selbst findet ebenfalls – unsichtbar für uns – eine stetige Wandlung und Erneuerung statt. Wir durchlaufen die Lebensphasen und sind in keinem Moment derselbe Mensch wie zuvor, wie auch das Leben drumherum in keinem Moment anhält und dasselbe bleibt.

Dennoch kann es uns gelingen, durch Achtsamkeit, die Atmung oder Meditation diese Zeitschiene für Augenblicke zu verlassen. Wir können uns Auszeiten verschaffen, die uns erfüllen und wesentlich mehr zu bieten haben als die Dinge, die uns ständig in Beschlag nehmen. Bei mir ist es das Segeln, das mich ins Innere des Lebens führt, bei meinem Vater war es die Gartenarbeit.

Diese meditativen Zustände sind Erholungsphasen, die uns zur Regeneration verhelfen, die uns neue Perspektiven eröffnen, die uns mit uns selbst ins Reine bringen, uns Freiheiten gewähren, welche uns die Turbulenzen und Verpflichtungen des Alltags gerne verwehren. Sie bieten uns zugleich die Chance zur Erneuerung, wir können uns darin neu erschaffen. Wir können ganz in dem Moment und dem Sein aufgehen.

„Man muss noch Chaos in sich haben, um einen tanzenden Stern gebären zu können", sprach Nietzsches Zarathustra: Wir tragen in uns jede Freiheit, feste Strukturen zu sprengen, die uns einengen, Disziplinen und Gewohnheiten über Bord zu werfen, uns von der Zeitachse zu lösen, die den starren Lauf der Dinge vorgibt.

Die Meditation öffnet dir den Weg dazu. Indem du eine meditative Reise an einen Ort der Kraft unternimmst, kannst du frisch gestärkt aus ihr hervorgehen. Du kannst dich an einen Quell des Lebens begeben, der dich von innen heraus erneuert. Du kannst meditativ mit einem Baum oder einer Katze verschmelzen und etwas daraus in dein gewohntes Leben mitnehmen: die Stärke eines aufrechten Baumstammes, dem kein Sturm etwas anhaben kann; die Wehrhaftigkeit, anmutige Geschmeidigkeit und Feinfühligkeit einer Katze.

Es gibt keine Grenzen, die dich einschränken, es sei denn, du erlegst dir selbst welche auf. Wie ich beim Segeln nicht gegen die elementaren Kräfte der Natur ankämpfe, sondern mit ihnen im Einklang agiere, auf eine Weise mit ihnen verschmelzen muss, um meine eigene Kraft entsprechend zu nutzen, auf Kurs zu bleiben, lernst du durch die Meditation das Surfen auf den Wogen des Lebens. Deine Sinne verfeinern sich, dein Bewusstsein erweitert sich zu neuer Bewusstheit, die du mit in den Alltag nimmst, denn diese intensiv erlebten Momente sind ein Teil von dir, den dir niemand mehr nehmen kann. Du erschaffst dich neu.

Damit kannst du viel bewirken. Du weißt: Nur mit eiserner Disziplin habe ich mein Studium geschafft. Sie ist bisweilen nötig, um im Leben etwas zu erreichen und zu bestehen. Doch ich bin in Situationen geraten, in denen mir diese Disziplin nicht weitergeholfen hat. Da mussten mir erst die Augen aufgehen für das Wesentliche. Ich musste mich besinnen und wieder zu mir selbst finden, um zu bestehen. Nun sind es die meditativen Zustände, die mich das Wesentliche im Bewusstsein behalten und in mein Leben einfließen lassen. Durch sie bin ich reicher geworden und das ist ein Reichtum, der mir erhalten bleibt. Er macht mein Leben unendlich wertvoll.

Außerhalb der Zeit

In der Meditation können die üblichen Gesetzmäßigkeiten außer Kraft gesetzt werden, wie ich beim Sonnenuntergang in eine Bewusstseinsebene außerhalb der Zeit gerate, obwohl diese natürlich unaufhaltsam weiter vergeht, wie mir der Sonnenuntergang gleichzeitig vor Augen führt. Das ist ein Widerspruch in sich, sagt uns der Verstand: Du kannst nicht gleichzeitig außerhalb der Zeit sein, während sie und somit dein Leben mit jeder Sekunde verrinnt. Exakt diese rationale Logik, diese Gesetzmäßigkeit wird aber durch das eigene Erleben unterbrochen. Schließlich heißt es ja auch „Zeitvertreib“: Wir vertreiben die Zeit aus unserem erlebten Moment, obwohl sich die Uhren um uns herum weiterdrehen.
So verhält es sich mit allen intensiv erlebten Momenten: Die Fülle an Gedanken und Gefühlen passt rational eigentlich gar nicht in die Zeitspanne hinein. Es ist wie beim Träumen, wenn

sich in einer kurzen Phase ganze Filme abzuspielen scheinen oder du geträumt so viel erlebst, wie es gar nicht vorstellbar ist in einem kurzen Traummoment. Das eine ist also der objektive Zeitablauf, das andere das subjektive Zeitempfinden. Das subjektive Zeitempfinden ist es, was wertvoll für uns ist, wenn wir es nur erlauben.

Zweifelsfrei gibt es auch bei dir Momente, in denen du ganz im Bann des Augenblicks bist. Du musst sie dir nur bewusst machen. Achte auf sie, dann weißt du aus eigener Erfahrung, was meditative Zustände sind. Bist du dir dessen erst bewusst, dürfte es dir nicht schwerfallen, auch gezielt zu meditieren. Kannst du dich dafür öffnen, spiele doch einfach etwas damit herum. Lasse deine Gedanken und Gefühle frei und erlebe, wohin sie dich führen. Setze dir ein anderes Mal selbst einen Fokus, lenke sie und versuche dich an einen beliebigen Ort zu versetzen. Probiere es mit einer Kerzenflamme oder sei ein Vogel im freien Flug. Es wird immer besser gelingen. Finde deine Möglichkeiten und Vorlieben, dich in einen Zustand außerhalb der Zeit zu begeben, der dir ungeahnte Fülle beschert und dich unendlich bereichert.

„Der Horizont vieler Menschen ist wie ein Kreis mit Radius Null. Und das nennen sie dann ihren Standpunkt."

ALBERT EINSTEIN

Das Loslassen durch die Meditation bedeutet ein Zulassen der Freiheit und Weite, die wir in uns tragen. Wir dürfen unseren Horizont erweitern und neue Perspektiven gewinnen – eine Einschränkung liegt nicht im Sinn des Lebens.

Zielführende Meditationen

Meditation lässt sich außerdem sehr zielgerichtet einsetzen. Es soll Menschen geben, die meditativ ihre Gedanken und Gefühle lenken können, die ihre meditativen Phasen derart intensiv fokussieren, dass sie damit tatsächlich etwas wirken können – Energie folgt der Aufmerksamkeit. Das muss uns nicht weiter beschäftigen; so versiert darin sind wir nicht. Wir sind in einer westlichen Gesellschaft aufgewachsen, ohne fernöstliche Weisheiten und Praktiken von Geburt an kennengelernt zu haben. Wohl kannst du die Meditation aber für dich nutzen.

Du kannst einfach nur zur Ruhe kommen und in Stille verharren oder beliebige Reisen unternehmen. Stets geht es darum, Körper, Seele und Geist zusammenzuführen und in Einklang zu bringen. Du kannst intensive Erlebnisse genießen und dennoch einen Zustand der inneren Ruhe erreichen. Eine Meditation mit der Atmung eignet sich hervorragend, um Ballast oder negative Gefühle loszuwerden: Atme ruhig und tief. Beim Einatmen stelle dir vor, wie dich frische Lebenskraft durchströmt. Beim Ausatmen entweicht alles, was dich belastet. Nur Wohltuendes bleibt in dir zurück und wird mit jedem Einatmen gestärkt.

Du kannst gezielt über etwas meditieren, was dich grämt und die Gedanken dazu fließen lassen. Versetze dich dazu als Fels in einen Fluss. Die Turbulenzen deines aufgewühlten Zustands fließen als Wasser an dir vorbei und können dir nichts anhaben. Du bist eins mit dir selbst und gewinnst Klarheit über die Wirren, die dich belastet haben, indem du sie zu Wort kommen lässt, ohne dass sie dich mitreißen können. Alternativ lässt du Gedanken und Gefühle wie Wolken am Himmel vorüberziehen und nimmst von unten einen Beobachtungsposten ein. So lässt du sie frei aus ihrem Karussell des aufgewühlten Zustands; sie dürfen von dannen ziehen, denn du hast sie entlassen.

Das zielführende daran ist, dass man oftmals Klarheit gewinnt oder sogar auf Lösungen kommt, wenn man sich gerade gar nicht direkt mit dem Problem befasst, sich nicht von ihm vereinnahmen lässt. In einem Zustand der inneren Ruhe, in dem du Gedanken- und Gefühlsströme frei ziehen lässt, kann es zu spontanen Eingebungen kommen, auch noch nach der Meditation können sie sich einstellen.

Klarheit kannst du ebenso gewinnen, wenn du verletzt oder enttäuscht bist. Betrachte doch mal das Wort „Enttäuschung“: Du wirst von einer Täuschung befreit. Es fühlt sich zwar zunächst nicht gut an, aber es ist trotzdem eine Befreiung. Die Meditation kann dir also in vielerlei Hinsicht dabei helfen, Erkenntnisse zu erlangen und zudem gestärkt daraus hervorzugehen.

Versuche es auf jede Weise, die dir zusagt. Komplizierte Regeln und Abläufe benötigst du nicht zur Meditation: Es ist deine ureigene Reise ins Innere des Lebens, die ausschließlich dich bereichern soll.

„Menschen, mit denen man lachen, weinen und tanzen kann, sind die Menschen, die das Leben ausmachen.“

LEBENSWEISHEIT

12

Entwicklung und der Mut zur Befreiung

Die Raupe und der Schmetterling führen uns ausgezeichnet vor Augen, was Entwicklung bedeutet: Die Raupe umwickelt sich mit einem Gespinst, bis sie ganz davon umschlossen ist. Schließlich befreit sich ein filigraner Schmetterling mit zarten Fühlern und wunderschönen Flügeln aus der Umwicklung und flattert mit leichtem Flügelschlag davon.

Dieses prächtige Wesen hat vorher bereits in ihr geschlummert, wie auch eine wunderschöne Blume oder ein stattlicher Baum schon in einem unscheinbaren Samenkorn verborgen ist. Es findet ein innerliches Wachstum statt und das eigentliche Wesen entfaltet sich in die Freiheit; es entwickelt sich. Diese beiden Beispiele lassen sich auf uns Menschen übertragen: Von Geburt an schlummert ein Wesen in uns, das freigelegt und offenbart werden möchte.

„Höhepunkt des Glücks ist es, wenn der Mensch bereit ist, das zu sein, was er ist."

ERASMUS VON ROTTERDAM

Raus aus der Routine, rein in die Freiheit

Routinen und Automatismen können unserem Glück ebenso im Weg stehen wie Einschränkungen und Belastendes. Was fehlt, ist wie so oft die Aufmerksamkeit: Wir lernen sprechen und tun es dann einfach. Es ist zur Routine und zu einer ebensolchen Nebensächlichkeit geworden wie das Atmen, das Essen oder das Laufen. Einerseits sind solche Automatismen gut, denn indem wir nicht über alles ständig nachdenken müssen, wenn wir es tun, haben wir Kapazitäten für andere Dinge frei. Doch ausgerechnet das, was uns dienlich oder sogar lebensnotwendig ist, fortwährend zu vernachlässigen, birgt Tücken. Wir verlieren jegliches Gespür dafür, wie sich etwas wirklich anfühlt, was wir tief im Inneren empfinden, was wir und wie wir uns ausdrücken, wie wir etwas tun und ob es uns förderlich ist oder eher hemmt, einschränkt oder schadet.

Dass uns etwas belastet oder weniger guttut, registrieren wir in unserem Trott oft erst, wenn die Last bereits übermäßig ist oder es uns richtig schlecht geht. Dabei kann ein ausgeprägteres Bewusstsein für das, was wir fühlen und tun, zu einer Früherkennung von Problematiken oder zu einem anderen Umgang mit ihnen führen. Zugleich offenbaren sich durch eine bewusstere Aufmerksamkeit uns selbst und unserem Tun gegenüber oftmals Lösungsansätze oder wir können mehr Klarheit über eine Problematik gewinnen, bevor sie uns über den Kopf gewachsen ist.

Wir haben in jedem Moment die Chance, unsere Entwicklung selbst zu steuern, statt das Ruder aus der Hand zu geben und nur noch zu funktionieren: Wir sind Menschen und keine Maschinen oder Marionetten, die an beliebigen Fäden zappeln. Ich selbst musste durch schmerzhafte Erfahrungen bis hin zu chronischen Erkrankungen erst erkennen, dass ich in manchen Bereichen eher fremdbestimmt als selbstbestimmt war und mich daraus befreien. Ich war in etwas eingewickelt und habe mich ent-wickelt.

Warum sind wir derart in Routinen und Automatismen verwickelt, dass wir blind für das Leben an sich werden? Sicher gibt es gewisse Dinge, die wir einfach leisten und erfüllen müssen. Doch davon abgesehen: Warum verwirklichen wir uns nicht einfach selbst? Warum durchbrechen wir nicht den Alltagstrott mit seinen Routinen durch das, was in uns schlummert?

Immer wieder stößt uns das Leben durch innere Zwiespälte oder Schicksalsschläge auf neue Sichtweisen und Wege, damit wir uns entwirren und entwickeln aus den Fäden, in denen wir verhaftet sind.

„Wir sind Produkte unserer Vergangenheit, aber wir müssen nicht ihre Gefangenen sein."

RICK WARREN

Nicht immer sind unsere Entwicklungs- und Wachstumsphasen einfach, doch sie erfüllen einen tieferen Sinn und führen uns zu uns selbst. Deshalb sollten wir Herausforderungen annehmen und nicht vor ihnen flüchten, wenn wir als einzigartige Schmetterlinge durch das Leben tanzen wollen, statt in unseren Gespinsten eingeengt oder eingesperrt zu bleiben. Erneut erinnere ich an die Worte meiner Mutter: Wer weiß, wozu das gut ist …

Ganz unabhängig davon steht es uns aber doch frei, uns immer wieder zu entfalten. Wir müssen uns keinen Einschränkungen unterwerfen und wir müssen uns nicht selbst welche auferlegen. Wir dürfen, wenn wir nur wollen, mit der Leichtigkeit eines Schmetterlings durch das Leben flattern – und genau das wünsche ich dir!

Die Leichtigkeit des Seins

Er war mein bester Freund und ein Vorbild in Sachen Lebenskunst: Thomas, der nun mit 60 den Weg über die Regenbogenbrücke angetreten hat und es verstand, die Leichtigkeit des Seins zu leben.

Ich kannte ihn seit meinem 18. Lebensjahr. Thomas war einer meiner ersten Mandanten und ein seriöser Zahnarzt, der seinen Beruf engagiert ausübte. Zugleich war er jedoch im Geiste ein kleines Kind geblieben und das war sein Geheimnis, seine Waffe gegen die Tücken des Lebens. Er hat jeden Moment seines Lebens gelebt und genossen – auf seine ureigene, umgangssprachlich ein wenig durchgeknallte Art und Weise. Er war einfach unkonventionell und spontan, das kleine Kind in ihm war kreativ und hielt ihn geistig flexibel. Es durfte verrückt zugehen und wenn wir uns nun wieder dieses Wort betrachten, ver-rückt: Er schwamm trotz seiner Seriosität im Beruf nicht blind mit dem Strom, sondern erlaubte es sich, abseits des Mainstream zu agieren, eben davon abgerückt. Er war durch und durch ein Lebenskünstler.

Da war unser Italienurlaub, der seine spontane, draufgängerische Art und abenteuerlustige Einstellung in meiner Erinnerung nur zu lebendig hält. Thomas hatte ein kleines Sportflugzeug, an das wir Wasserkufen anbauten. Wir flogen los und landeten mit den Kufen auf einer kleinen Wiese. Wie um alles in der Welt sollten wir von dort und für Gewässer ausgestattet wieder starten? Ganz seinem kreativen, lösungsorientierten Geist entsprechend befestigten wir ein 100 Meter langes Seil an der Anhängerkupplung seines Autos. Ich saß am Steuer und gab Gas, Thomas tat dasselbe im Cockpit seines Flugzeugs. Wir taten es, bis er schließlich abhob.

Endlich mit dem Flieger wieder in der Luft steuerte er das Meer Richtung Marina Punta Gabbiani in Lignano an, ich fuhr die Strecke mit dem Auto. Bestimmungsgemäß wollte er nun mit den Kufen auf dem Wasser landen, kam aber nicht gegen den Wind an: Der war zu kräftig und der Flieger krachte nach mehreren Landeversuchen ins Wasser, wo er unterging und Thomas natürlich mit ihm. Angst oder gar Panik schien er nicht zu kennen; er befreite sich im letzten Moment aus der Kabine und schwamm dem untergegangenen Sportflugzeug davon.

So war sein Naturell. Er ließ seiner Unternehmungslust freien Lauf, nahm alles, wie es kam und machte das Beste daraus. Bei all dem Draufgängertum, das er dabei an den Tag legte, war er stets humorvoll und lustig aufgelegt. Er verkörperte damit die pure Lebenslust und Lebensfreude, frei und wundervoll schillernd.

Das entsprach auch ganz seiner Einstellung: Sein Leben hielt einige Schicksalsschläge für ihn parat, doch er ließ sich nicht aus der Bahn werfen und blickte stets fröhlich nach vorne. Berufliche Niederlagen steckte er weg, haderte nicht damit, sondern suchte optimistisch in jedem Schlamassel einen für sich geeigneten Weg. Nie war er außerdem jemandem böse und seine unbekümmerte Einstellung führte dazu, dass man auch ihm nicht böse sein konnte.

Als seriöser Geschäftsmann nahm er berufliche Querschläge als Chance wahr, als Partyhengst nahm er privat jedes Abenteuer mit. So war er durch und durch authentisch. Langeweile kam bei ihm und mit ihm ebenfalls weder beruflich noch privat auf. Er hatte eine Zahnarztpraxis in Murnau, dann eine in München, er wanderte nach Bali aus und gründete eine große Zahnklinik, am Ende arbeitete er als Zahnarzt in Mexiko.

Warf ihn tatsächlich kurzfristig mal etwas nieder, stand er scheinbar unbeeindruckt wieder auf, klopfte sich den Staub von der Kleidung und steuerte wieder seine Siegesspur an. Im wahrsten Sinne des Wortes war er ein Sieger über das Leben, indem er sich selbst treu blieb und durch nichts davon abbringen ließ.

„Man kann einem Menschen nichts beibringen, man kann ihm nur helfen, es in sich selbst zu entdecken."

GALILEI

Er ergab sich nicht seinem vermeintlichen Schicksal, ertrank nicht mit seinem Flugzeug, sondern kämpte sich wieder an die Wasseroberfläche. Daraus ging er als Sieger hervor und so tat er es bei jeder vermeintlichen Niederlage und den schlimmsten Schicksalsschlägen. Dabei war er nie ein Traumtänzer, sondern durchaus bodenständig und erfolgsorientiert, wie seine berufliche Laufbahn deutlich macht. Er hat es geschafft, diese Gratwanderung zwischen Verantwortungsbewusstsein und Pflichterfüllung einerseits und reiner, unvoreingenommen spontaner Lebensfreude seines inneren Kindes andererseits zu meistern wie ein Seiltänzer.

Seine Lebensfreude glich einem farbenprächtigen Feuerwerk. Sie faszinierte, war ansteckend und – ganz ohne Missgunst – beneidenswert. Wie in diesem Italienurlaub verbrachten wir weitere gemeinsame Zeit mit Erlebnissen und neugieriger Offenheit, hatten Spaß ohne Wenn und Aber. Thomas strahlte seine unverwechselbare Leichtigkeit aus, flatterte im übertragenen Sinne mit seinen weltoffenen Flügeln und nahm mich immer wieder mit in die Lüfte. In jedem erdenklichen Moment ließ er sein unkonventionelles Wesen frei, gestattete es weder sich selbst noch den Tücken des Lebens oder anderen Menschen, ihn marionettenhaft an irgendwelchen Fäden zappeln zu lassen.

Er verstrickte sich nicht darin, sondern spielte mit ihnen und balancierte gekonnt auf ihnen. Umwickelte ihn dennoch mal etwas, besann er sich auf sein innerstes Wesen und befreite sich immer wieder aufs Neue wie aus dem Flieger oder wie der Schmetterling aus dem Gespinst der Raupe. Diese unkonventionellen erfüllten Zeiten mit ihm werde ich so nie wieder erleben, denn ich schaffe es nicht, diese Leichtigkeit des Seins und mein inneres Kind derart frei zu leben. Doch ich strebe es an, versuche es, denn ich bewundere Thomas dafür und danke ihm aus tiefstem Herzen für das, was er mir geschenkt und hinterlassen hat. Sein Motto „Du kannst das Spiel des Lebens nicht gewinnen, du kannst es nur spielen", versuche ich mir immer wieder vor Augen zu halten. Ich vermisse seine Unbeschwertheit, mit der er jegliche Bedenken zerstreuen konnte wie mit einem Fingerschnippen, mit der er alles so genommen hat, wie es kam. Mir muss es das Leben wiederholt auf seine Weise vor Augen führen, wenn ich mich zu borniert in eine Richtung fixiert, wenn ich scheuklappenbehaftet agiere und das Wesentliche aus den Augen verliere oder mich dem Wesentlichen schlicht verschließe. Auch du hast übrigens dazu beigetragen, den Schmetterling in mir zu befreien.

Was uns so am Wickel hat

Eines Tages stand fest, dass du das Licht der Welt erblicken würdest. Ich fühlte mich zunächst etwas hilflos und überfordert. Was würde auf mich zukommen? Würde ich das alles schaffen? Wie würde ich die neue Herausforderung mit meinem Beruf und meinen Verpflichtungen vereinbaren können? Ich war in den Fäden meines bisherigen Lebens verhaftet und musste mich erst einmal darauf einstellen, dass eine zusätzliche Verantwortung auf mich zukommen würde – eine lebendige: mein eigenes Kind. Ich musste mich also dahingehend entwickeln.

Das geschah wie von selbst, als ich dich schließlich zum ersten Mal auf dem Arm hielt; meine Tochter! Die letzten Fäden, die mich hinsichtlich der Verantwortung und Zukunftsgestaltung noch eingeengt hatten, waren durchtrennt. Ich konnte mir nichts Schöneres mehr vorstellen, nichts, was mich mehr und intensiver mit Stolz erfüllen könnte als du!

Viele der grübelnden Gedanken zuvor hielten mich gefangen und waren durch eine starre Fixierung auf meine bisherigen Lebensinhalte bedingt. Dadurch war ich eingeschränkt, hing an den entsprechenden Fäden und auf einmal entwirrte sich alles. Aus der Ver-wirrung in dieses Gespinst wurde eine Ent-wirrung. Damit trugen deine Geburt und du als einzigartiges Wesen maßgeblich zu meiner Entwicklung bei – und zu einer Befreiung von selbst und fremd auferlegten Dogmen, zu einer unvergesslichen und unvergleichbaren Freude, die mich beschwingt und mit Leichtigkeit erfüllt hat.

„Wenn du in dein eigenes Herz schaust und dort nichts Falsches findest, worüber musst du dir dann Sorgen machen? Was gibt es zu befürchten?"

KONFUZIUS

Mein Herz war offen und es hat sich alles goldrichtig angefühlt. Warum nur hatte ich mir so viele Gedanken gemacht? Ich musste erst lernen, mich aus meinem Karussell zu begeben und mich außerhalb von Verpflichtungen frei zu öffnen. Dazu schickte mich das Leben durch viele Lektionen. Wie gerne würde ich dir dieses Dilemma ersparen; schmerzhafte Erfahrungen, Zwiespälte, Befürchtungen, die so sehr belastend sein können.

Es ist aber auch verzwickt. Als kleines Baby musstest du so viel lernen und deine Fähigkeiten entwickeln, sprechen lernen, laufen lernen, allein essen lernen, um schließlich zu einem eigenständigen Menschen heranzuwachsen. Mit zunehmender Eigenständigkeit treten jedoch viele Erwartungshaltungen, Verpflichtungen und Anforderungen in unser Leben. Die Außenwelt drückt irgendwelche Knöpfe oder zieht an einer Strippe, wir reagieren. Dazu gesellen sich die selbst angeeigneten Automatismen, Routinen und starre Sichtweisen, die uns so oft Scheuklappen aufsetzen.

Aus der Abhängigkeit den Eltern gegenüber befreit sich ein Kind, hin zur Selbstbestimmung, nur um fortan von anderen Dingen beherrscht zu werden. Dann kommt das Leben mit seinen Lasten und Schicksalsschlägen daher, um uns darauf zu stoßen, dass wir uns in einem Gespinst befinden, das unser Wesen, unser Selbst einengt und es sich befreien möchte. Doch betrachte es als Chance: Erlaube es deinem Wesen, sich wie der Schmetterling zu entfalten und in seiner Leichtigkeit loszuflattern.

Bewahre dir das innere Kind mit seiner Unvoreingenommenheit und Unbeschwertheit, seiner Neugierde und Spontanität, seinem unbeirrbaren Willen, immer wieder aufzustehen, wenn es die Schwerkraft mal wieder zu Fall gebracht hat. Der einzige Unterschied ist doch, dass du nun mit so vielen Fähigkeiten ausgestattet bist, die einem kleinen Kind noch fehlen, die es mühsam lernen muss.

Ich weiß nicht, wie es Thomas gelungen ist, seine kindliche Leichtigkeit und Unbeschwertheit in diesem Ausmaß zu erhalten und zuzulassen, wie ich es bei keinem anderen Menschen je erlebt habe, gepaart mit beruflicher Zielstrebigkeit und Seriosität. Für ihn standen Verantwortungsbewusstsein und Zuverlässigkeit zu seiner Verrücktheit niemals im Widerspruch. Er schaffte es bis zu seinem Lebensende, seine Sorglosigkeit zu bewahren. Der Krebs hat ihn letztendlich besiegt, aber er verbrachte seine letzten Tage auf dem Balkon und genoss jeden Sonnenaufgang und -untergang. Noch zwei Tage vor seinem Tod sagte er in einem Videocall zu mir: „Schau, wie schön ein Sonnenuntergang sein kann.“ Er sah zu, wie der Tag in die Nacht überging, während mit seinem Leben dasselbe geschah.

Er nahm es hin wie alles, was ihm widerfuhr. Er war mit sich im Reinen, in sich selbst völlig unverfälscht. Er hat gelebt und nichts ausgelassen. Am Ende hat er sicher nichts bereut und konnte sich gewiss sein, dass er sein Leben lachend gemeistert hat, statt dass es ihn gemeistert hätte. Damit ging er selbst aus dem todbringenden Disput mit dem Krebs noch als Sieger hervor. Er war in seinem Leben ein Akteur und Spieler; keine Spielfigur, die sich willenlos auf einem Brett herumschieben lässt.

„Wenn du etwas nicht magst, ändere es. Wenn du es nicht ändern kannst, ändere deine Einstellung."

MAYA ANGELOU

Es war zu einem großen Teil seine Einstellung, die dazu führte, dass er aus jedem Schicksalsschlag und jeder Niederlage letztendlich einen Gewinn für sich ziehen konnte, seine Grundeinstellung dem Leben gegenüber. Ich würde diese Form der Lebenskunst so gerne an dich weitergeben, auf dass es dir gelingen möge, nichts allzu ernst zu nehmen und nichts allzu engstirnig zu sehen:

Fällst du einmal hin, steh wieder auf und richte dein Krönchen. Fühle dich frei zu sein, wie du bist, den in dir schlummernden Schmetterling herauszulassen, nichts aus falscher Moral oder oberflächlichen Erwartungshaltungen heraus zu versäumen, was aus dir hervorsprudeln möchte. In dir selbst wohnt der Quell des Lebens und du darfst es ihm gestatten, zu plätschern und zu fließen, dich zu erfrischen und deinen Durst zu stillen.

Trau dich, ver-rückt zu sein, denn du bist einzigartig!

„Befreie dich von den Ratschlägen der Gesellschaft. Die meisten von Ihnen haben keine Ahnung, was sie tun.“

LEBENSWEISHEIT

13

Bleibe bunt: Übungen im Glücklichsein

Die Quintessenz ist: Du darfst ein leuchtender Stern sein und in allen Farben schillern. Wir sind nun mal mittendrin im Leben, also sollten wir es so leben, dass es sich für uns lohnt. Ganz nebenbei kann es auch für andere bereichernd sein, wenn du sie mit deinem Leuchten berührst, statt dich mit schweren Wolken zu umhüllen – ähnlich, wie Thomas für mich unvergesslich ist und mein Herz auch noch heute warm erhellend beglückt.

Leicht mag es uns nicht immer fallen, all die Wichtigkeiten zu durchbrechen, die uns so beschäftigen und unser inneres Strahlen überlagern. Das lässt sich ändern. Die Wissenschaft kennt da eine Methode, die nennt sich Paradigmenwechsel. Ich nenne es einfach Spontaneität, Freigeistigkeit, Kreativität, Mut zum Sein.

Es ist das Selbst, das in das Leben hineingeboren wird. Es ist das Selbst, das alles im Leben ertragen muss, was uns so widerfährt. Es ist das Selbst, das sich eines Tages gleich dem Sonnenuntergang am Horizont findet und aus dem Leben abtaucht. Also ist es auch das Selbst, das jedes Recht auf die Gestaltung seines Lebens hat, sich frei entfalten und zum Ausdruck bringen darf und somit: glücklich sein darf.

„Glück ist, wenn der Verstand tanzt, das Herz atmet und die Augen lieben."

ALBERT EINSTEIN

Es darf auf den bewegtesten Wellen surfen, in unbeschwerter Leichtigkeit durch das Leben tanzen wie der Schmetterling durch die Lüfte und in seinem Dasein so hell leuchten wie der hellste Stern am Himmel.

Ungeahnte Freiheiten im Kleinen

Es beginnt beim Alltagstrott und den vielen kleinen Gewohnheiten, die wir uns zugelegt haben. Darin schlummern die leichtesten Übungen zum Glücklichsein. Dazu vorab ein kleiner Blick zurück und ein kurzer Ausflug zum Paradigmenwechsel:

Achtsamkeit, Atmung und Meditation sind, mit ein wenig Übung, einfach anzuwendende Mittel, um sich selbst nicht zu verlieren, sich mehr Aufmerksamkeit zu schenken, bewusster zu leben und sich der Essenz des Lebens zu nähern. Sie können in die tägliche Routine einfließen, so dass die Bewusstheit dem inneren Selbst gegenüber, Offenheit für all die kleinen schönen Dinge um uns herum und der Blick für das Wesentliche immer mehr zu einer Selbstverständlichkeit werden. Sie können aus der Hatz und dem Karussell der Gedanken, Gefühle und Verpflichtungen befreien und immer wieder Auszeiten verschaffen. Das tut der seelischen und körperlichen Gesundheit gut, steigert die Stressresistenz und ebnet den Weg zur Fähigkeit, Glück wahrhaftig zu empfinden.

Dem gegenüber stehen Paradigmen, was sich als „Muster" oder „Weltanschauungen" übersetzen lässt. Ein Paradigmenwechsel bedeutet in der Wissenschaft ein Wandel von Auffassungen und Methoden: Einst herrschte die Auffassung und Weltanschauung, die Erde sei eine Scheibe. Davon war man überzeugt. Eines Tages musste man seine Sichtweise komplett über den Haufen werfen und erkennen, dass die Erde rund ist. Es sieht für uns so aus, als drehe sich die Sonne um die Erde, tatsächlich aber dreht sich die Erde um die Sonne. Da ist sie wieder, die Sache mit den Wahrheiten: Ändere deine Sichtweise, deinen Blickwinkel, deinen Standpunkt und du kannst andere Wahrheiten entdecken.

Auf das Leben übertragen ist ein Paradigmenwechsel die Bereitschaft, seine Scheuklappen abzunehmen und offen gegenüber anderen Standpunkten, Sichtweisen und Blickwinkeln zu sein. Dadurch kannst du dich aus stumpfen Routinen des Alltags und des Lebens befreien – und das ist gar nicht schwer: Sei ver-rückt!

Normal – das ist einer Norm entsprechend. Warum solltest du normal sein? Wer sollte eine für dich gültige Norm festlegen, nach der du dich zu richten hättest? Es ist dein Selbst und dein Leben, niemandes sonst, um das es geht!

Von der Norm abweichen und ver-rückt sein: dazu hast du im Kleinen unzählige Möglichkeiten. Iss mit den Fingern, statt wie normale Menschen Besteck zu benutzen. Trink einfach mal falsch herum aus dem Glas, indem du an der entgegengesetzten Seite ansetzt und dich so weit vornüberbeugst, dass du die Flüssigkeit in den Mund bekommst und kopfüber schluckst. Das klappt nicht gleich? Dann hast du etwas zu lachen.

Oder: Iss dein Eis mit dem Griff vom Löffel. Alle schauen dich komisch an? Auch dann hast du etwas zu lachen. Eine Portion Mitgefühl kannst du ebenfalls haben mit diesen armen Wesen, die so borniert in ihren Dogmen verhaftet sind, dass sie mit noch so harmlosen Abweichungen gar nicht richtig umgehen können. Du tust ihnen sogar einen Gefallen, denn du zeigst, lebst vor, dass du weggerückt von irgendwelchen Normen frei und glücklich sein kannst. Du bist ein leuchtender Stern, der aus sich selbst heraus agiert.

Setz dich falsch herum auf die Toilette, spring auf einem Bein von einem Ort zum anderen, laufe rückwärts. Tu, was dir in den Sinn kommt, denn allein das ist Sinnhaftigkeit. Nimm dir diese Freiheit, die dir zusteht, trau dich einfach. Es ist egal, was andere denken – das ist deren Problem.

„Das Geheimnis des Glücks ist die Freiheit, das Geheimnis der Freiheit aber ist der Mut."

THUKYDIDES

Rollenspiele mal anders

Widmen wir uns erneut den Kindern. Sie üben sich gerne in Rollenspielen, sind Vater oder Mutter, werden zur Verkäuferin oder zur Köchin, retten als Feuerwehrleute oder Polizisten Leben, können sich jederzeit in Cowboys, Indianer, Adlige oder Zirkuskünstler verwandeln. Ab irgendeinem Alter ist es auf einmal verpönt, sich derart kindlich zu benehmen. Nichts spricht aber dagegen, sich die Fähigkeit zu bewahren, in andere Rollen zu schlüpfen.

Vielleicht hast du das Gefühl, von dir wird eine bestimmte, einer Norm entsprechende Rolle erwartet, vielleicht sogar je nach Umfeld verschiedene: Du sollst eine gute Schülerin sein, du sollst in einer Situation angemessen gekleidet sein, du sollst gesellschaftlich nicht „aus der Rolle fallen". Dabei ist deine eigentliche Rolle im Leben, du selbst zu sein: Du bist facettenreich, vielseitig, eben ein schillernder Stern im Wesen, das nicht weggesperrt sein, sondern sich entfalten möchte – auf deiner ureigenen Lebensbahn.

Deshalb kannst du jederzeit in jede selbstbestimmte Rolle schlüpfen, die dir zusagt, Spaß macht oder einen Vorteil verschafft. Das geht für dich ganz allein ebenso wie unter Menschen. Mach irgendetwas Verrücktes mit deinen Haaren oder deinen Nägeln, nur für dich oder trau dich damit unter das Volk. Kleide dich seriös oder lässig, sportlich oder plump, je nachdem, was du nach außen kehren möchtest. Wähle mal einen ganz anderen Stil oder andere Farben. Mach es einfach mal anders, egal was und egal wonach dir ist.

Du könntest auch in Gesellschaft anderer Menschen bewusst das naive Dummchen oder das stille graue Mäuschen spielen. Schnell wirst du unterschätzt und wenig ernst genommen, bist zum Beispiel keine Konkurrenz für Missgünstlinge und Neider, weißt aber für dich selbst: Da sind Menschen einem Paradigma aufgesessen. So kannst du dir ungeahnt Vorteile verschaffen. Unbeachtet lauerst du im Hintergrund, behältst einen besseren Überblick und genau im richtigen Moment kannst du nach vorne preschen wie die Katze, die unbemerkt von den Bewohnern vor dem Mauseloch lauert und ihre Chance nutzt.

Du kannst das auch nutzen, um die Herren der Schöpfung um den Finger zu wickeln, fühlt sich doch der eine oder andere ganz groß und wichtig, wie ein edler Ritter, wenn er als Beschützer und Gönner auftreten kann. Beruflich kann es sich ebenfalls hin und wieder als Vorteil erweisen, in eine bestimmte Rolle zu schlüpfen.

Lasse deiner Fantasie freien Lauf, sei spontan und kreativ, bewahre dir einen freien, offenen Geist und habe Mut zu sein – zu sein, was und wie du gerade möchtest. Lasse gelegentlich einfach das Kind in dir zu Wort kommen, welche Rolle vielleicht etwas Abwechslung in den ewigen Trott bringen könnte.

Sei du selbst in deinem Lebensfluss

„Das Glück gehört denen, die sich selbst genügen. Denn alle äußeren Quellen des Glückes und Genusses sind, ihrer Natur nach, höchst unsicher, misslich, vergänglich und dem Zufall unterworfen."

ARTHUR SCHOPENHAUER

Das Leben ist wie ein Fluss, dessen Quelle irgendwo entspringt und der schließlich ein Ende nimmt, indem er in ein großes Meer mündet. Es beginnt mit deiner Geburt und damit ist ein Ende des Lebens auch schon vorherbestimmt. Nichts bereitet uns wohl so viel Kopfzerbrechen, Grübeleien und auch Wehmut und Ängste wie die Gewissheit, dass das Leben eines Tages zu Ende gehen wird.

Doch wozu lebt ein Mensch, wenn er alles ungeachtet an sich vorbeiziehen lässt, die vielseitigsten Landschaften, Farbspiele am Himmel, die Jahreszeiten in ihrer lebendigen Vielfalt, Momente und Augenblicke, nur um sich willenlos im fließenden Strom herumwirbeln zu lassen, in der Aufmerksamkeit ständig grüblerisch mit der Endgültigkeit beschäftigt, die ihn irgendwann erwartet?

Dadurch geht das ganze Leben verloren. Es bleibt ohne Wert. Man engt sich selbst, sein Blickfeld, seine Wahrnehmung und seine Sinne ein. Das, was ist, das rauscht vorbei. Das Selbst wird verschlossen und unterdrückt. Das ist ein Leben ohne Sinn. Allein der Gedanke an eine derartige Abgestumpftheit verströmt ein hoffnungsloses Flair, Schwere, Last, Farblosigkeit und schlicht „Unlebendigkeit".

Daher möchte ich dir mit auf den Weg geben: Wohl kannst du dich in ein Korsett zwängen, wenn du dich einfach mal ausprobieren oder eben das ausprobieren möchtest, in diese Rolle schlüpfen möchtest. Aber zwinge nicht dem Leben und deinem Wesen ein solches auf. Nimm dir die Freiheit, du selbst zu sein! Gönne es dir, glücklich zu sein!

Wenn das Leben bunt ist, voller Facetten, kann es auch am Ende wie der überwältigende Sonnenuntergang betrachtet und erlebt werden, der den erfüllenden Abschluss des Tages bildet und mit reinen Glücksgefühlen durchströmt. Dann kann der Anblick Zufriedenheit auslösen, so reichhaltig sein, wie es auch das Leben war. Dann kann ein Mensch in sich selbst ruhen und glücklich sein, sogar im Ende des Lebensflusses, wenn das lebhaft plätschernde Gewässer in das große Weltmeer fließt, wenn sich die Seele mit der Unendlichkeit vereint, aus der sie einst als Quell entsprungen ist.

Nimm dir die Freiheit, unterwegs im Fluss deines Lebens zu stranden, auf einer Insel, die zu deiner Insel wird. Der Beruf, ein Partner, vielleicht eine eigene Familie, Vorlieben und Gewohnheiten können das Gefühl verleihen, endlich irgendwo angekommen zu sein. Schaue dich in Ruhe um, genieße es. Achte aber darauf, dass du den Lebensfluss nicht aus dem Blick verlierst, weil sich deine Sicht, dein Fokus einengt. Sperre dich nicht auf dieser Insel ein und lasse dich nicht auf ihr einsperren. Bleibe frei.

Erinnerung an einen Rosenkavalier

Es ist schon lange her, da war ich unterwegs in einer Pizzeria eingekehrt. Wie damals noch üblich, tauchte irgendwann ein Blumenverkäufer auf, einen Strauß blühender Rosen im Arm. Niemand zeigte Interesse bis auf die Personen an einem Tisch mit zwei Herren und zwei Damen. Einer der Herren bat um eine Rose, bezahlte sie und bedankte sich freundlich.

Normalerweise würde er sie nun der Dame seines Herzens überreichen, die gespielt oder echt dahinschmelzen würde – oder sich zumindest ihrerseits freundlich bedanken. Er aber biss die Blüte ab, kaute sie genüsslich und strahlte: „Das dauert so lang mit der Pizza, ich hab Hunger. Aber die schmeckt richtig gut!"

Die Damen und der weitere Herr brachen nach einem kurzen Überraschungsmoment in schallendes Gelächter aus, der übrige Besatz der Pizzeria reagierte gemischt zwischen ebenfalls Gelächter und fassungslos empörtem Kopfschütteln. Ein Paar verließ die Lokalität nach einer kurzen Diskussion mit dem herbeigerufenen Kellner, der sich weigerte, diese vier unflätigen Personen des Hauses zu verweisen.

Ansonsten war die gesamte Stimmung auf einmal recht aufgelockert und der Chef gab sogar spontan eine Lokalrunde an Getränken aus. Mir ist dieser Abend bis heute in Erinnerung geblieben und ich bin sicher, dem Rosenkavalier samt Begleitern ebenfalls – als intensiv erlebter Moment, ver-rückt, abseits der Norm und voller lebendiger Glücksgefühle.

Lebe intensiv

Das ist bei all meiner Erwartungshaltung auch meine Botschaft an dich: Bleibe locker und unkonventionell, lasse dich nicht einengen und befreie dich von allem, was dir Fesseln anlegen möchte. Pflücke unterwegs Gänseblümchen und nasche die Blüten, einfach so. Besuche deine gewohnte Pizzeria, aber bestelle statt der üblichen Nummer 8 oder 13 einfach mal die 6 oder die 19. Oder: Schließe die Augen und tippe mit dem Finger irgendwohin, um zu bestellen. Durchbrich stumpfe Routinen.

Mach viele Erfahrungen! Triff Menschen, die Du nie vorher gesehen hast! Geh an Orte wo du niemals vorher warst! – Follow deinem flow. Und ab und zu machst Du mal ein bisschen Pause, genießt die Spur, wo Du gerade im Fluss bist und sagst: boah ist das ganze geil! Lebe das Leben und genieße dein Glück uneingeschränkt. Trau dich, du selbst zu sein, dich immer wieder neu zu entdecken und auszuprobieren, wie es einst das kleine Kind in dir so selbstverständlich getan hat.

Widerfährt dir im Leben Unangenehmes oder erlebst du schlimme Schicksalsschläge, denke daran: Die Situation bleibt dieselbe, egal ob du haderst und darin untergehst oder aufstehst und trotzdem deinen Weg im Glück suchst, deinem Glück. Es ist deine Einstellung, die etwas ändert, wenn sich die Sache nicht ändern lässt.

Daher: Bleibe bunt! Bleibe so wie Du bist!

Über den Autor

Dr. Ralf Erich Schauer, geboren 1971 in Garmisch-Partenkirchen, ist Steuerberater und lebt mit seiner Familie in Oberbayern. Nach seinem Abschluss und Promotion an der Universität Regensburg gründete er 2021 seine eigene Steuerkanzlei. Als passionierter Segler liebt er die See und fand dort wunderbare Gelegenheiten zur Selbstreflexion und zur Entwicklung von Resilienz und Förderung der inneren Stille.

Printed by Amazon Italia Logistica S.r.l.
Torrazza Piemonte (TO), Italy

64446735R10117